La deuxième vie de Charles Pasqua

Daniel Carton

La deuxième vie de Charles Pasqua

Flammarion

ISBN : 2-08-067044-1
Imprimé en France

AVANT-PROPOS

Hiver 1952. Marseille. Charles Pasqua a vingt-cinq ans, une jeune femme fraîchement débarquée du Canada, un marmot et pas de boulot. De vagues études de droit et beaucoup d'emplois. Plagiste, employé aux entrepôts de tabac, récolteur de créances pour le compte d'un détective privé... Pas de quoi faire bouillir la marmite. Jusqu'à ce jour de veine, cette rencontre avec Paul Ricard, l'empereur de l'anisette, le maître queux du marketing à la sauce provençale. « Quelle est votre ambition, jeune homme ? l'interroge le grand patron.

– J'irai aussi loin que je pourrai », rétorque le jeune homme en question. Son embauche se fait sur-le-champ.

Plus de quarante ans après, Charles Pasqua, du haut de sa pyramide de la place Beauvau, peut contempler sa vie, ses basses et hautes œuvres, ses pompes et ses dédales, rêver et redire les mêmes mots : « Aller aussi loin que je pourrai. » En l'an de grâce 1993, le petit Corse de Grasse est devenu ministre d'Etat de la République. Le fils de l'agent de police est le patron de toutes les polices de France. L'ancien chef des ventes du numéro un du pastis s'est transformé en réaménageur forcené du territoire national et en émir des Hauts-de-Seine. L'ancien monteur de chapiteaux pour le « barnum » RPR a établi son propre campement sur le terrain meuble de la cohabitation.

Et voici que celui qui, pendant longtemps, se contenta de porter le seau au coin de tous les rings a revêtu l'immaculée tenue blanche de l'arbitre pour le combat présidentiel qui vient. Prêt à solliciter, selon de vieilles recettes éprouvées, les supporters-compagnons, disposé à s'investir pour peu qu'on lui promette de le payer en monnaie de Matignon, laissant dire même qu'il pourrait faire rempart de son corps, l'offrir à une France inquiète et désabusée, si ce combat-là dégénérait!

« Aller aussi loin que je pourrai! » Chaque matin en lui rendant les honneurs, son entourage partage cette devise de jeunesse. « Nous avons déjà la médaille d'argent, nous aurons peut-être la médaille d'or! » espère celui-ci. « De l'impossible, on est passé à l'improbable », convient celui-là. N'en parler jamais, y penser toujours! « Ce sont les événements qui révèlent les caractères », se contente de rappeler le patron en parodiant de Gaulle. En mars 1986, quand son ami de vingt ans, Jacques Chirac, lui confia ce ministère de l'Intérieur, il pensa alors vivre le plus grand jour de sa vie. Malgré les mises en garde à droite comme à gauche, celles de François Mitterrand comme du ministre d'Etat unique de ce premier acte de la cohabitation, Edouard Balladur, craignant tous deux les interférences sur les lignes téléphoniques..., Charles Pasqua se vit enfin admettre dans la cour des grands, présenté à la noblesse de robe de la République. Charlie devenait Charles. Le passage des ténèbres à la lumière!

Pendant des années, même dans les rangs des compagnons, il était l'homme qu'on ne présentait pas à l'extérieur. Lors de la campagne présidentielle de 1981, la consigne du secrétaire général du RPR de l'époque, Bernard Pons, était claire : « Ce n'est pas possible qu'on expose un type comme cela avec son accent et son allure! » Son accent, il ne pouvait pas le changer. Son allure ? Avant de se mettre dans les habits de l'Etat, il s'acheta une conduite de sénateur. « La seule différence entre l'Assemblée nationale et le Sénat, c'est l'épaisseur de la moquette ! » plaisantait un jour son compère marseillais Jean-Claude Gaudin. Des deux pieds, le sénateur Pasqua a foulé celle généreuse et si feutrée du vieux palais de la Médicis, comme pour mieux faire oublier le bruit de tous ses piétinements. La deuxième vie de Charles Pasqua commençait sous le haut patronage d'Hermès, Smalto et Dior, ses couturiers préférés.

Ce volontaire de la politique eût pu se contenter de rectifier ainsi la position, son indéniable instinct le poussa à changer aussi sa partition politique. Bonimenteur inégalé, séducteur achevé, l'adjudant de droite est devenu héraut d'un gaullisme revisité, Bonaparte populaire d'une France cernée par l'énarchie et la technostructure. Jadis chef de clan n'ayant de cesse de terrasser l'hydre socialo-marxiste, il s'est rafistolé un discours pour répondre le premier « à ce que demande le peuple » et entonner à sa façon la douce musique mitterrandienne de la « France unie ». « Je ne suis ni de droite ni de gauche, répète-t-il désormais. Je suis gaulliste et je n'ai aucun complexe. » Sans complexe donc, mais avec les mêmes hommes pourtant, les mêmes ficelles et les mêmes armes, le diable Pasqua s'est transformé en ange bienveillant. S'inventant une double vie que l'opinion, à en croire le tableau de bord des sondages, semble goûter.

Charles le téméraire est devenu, comme par miracle, Charles le débonnaire ! L'homme s'est fait bonhomme. Il a son explication. « Dans la vie, confie-t-il, il y a deux sortes de gens. Ceux qui en vieillissant deviennent méchants. Et les autres qui, au contraire, prennent un certain recul. » Ce n'est pas la seule. En vieillissant, Charles Pasqua s'est tout simplement gargarisé d'ambitions. « Je me sens comme le général de Gaulle », lâcha-t-il même, lors de son retour place Beauvau. Déçu de Chirac, n'ayant jamais cru en Balladur, refroidi par une classe politique qui, à l'entendre, se soucie comme d'une guigne de l'intérêt national pour se vautrer dans ses intérêts particuliers, Charles Pasqua pense secrètement être le seul véritable exécuteur testamentaire du gaullisme de cette fin de siècle. « Nous, plaide-t-il, on sait ce qu'est la France. On a, par conséquent, une petite chance de comprendre où on va. On conduit les peuples en exaltant leur vertu. Aujourd'hui, on n'a plus que l'abbé Pierre et Tapie. »

Charles Pasqua va aujourd'hui vers ses soixante-huit ans. L'âge du Général, en mai 1958 ! La première fois qu'il songea à son propre destin, ce fut au retour d'un voyage à Washington qui lui avait permis un entretien avec George Bush. « Si vous viviez aux Etats-Unis, lui confia le futur successeur de Ronald Reagan, vous pourriez être président ! » La phrase ne tomba pas dans l'oreille d'un sourd. Plus d'une fois, Charles Pasqua se plut à distiller cette noble confidence. Caresser pour son propre compte une telle hypothèse aurait, voici encore quelques années, fait rire ou fait peur. Mais, tout le monde a pris au sérieux sa candidature, en octobre 1992, pour la présidence du Sénat, qui, pensait-il alors, devait lui servir de planche d'appel pour un possible intérim. « Si je ne suis pas roi, je ferai ce roi », peut-il à présent s'imaginer. Et ce premier rôle lui plaît. Charles Pasqua a changé d'allure et changé d'air. « J'ai décidé, confiait-il un jour, d'emprunter la route des sommets, parce que c'est la moins encombrée. »

Il pèse au RPR. Il est la pièce maîtresse du puzzle gouvernemental. Son pré carré de la place Beauvau sera pour les futurs combats une forteresse. On l'a méprisé, on le courtise ; on l'a pris pour un gros bras, il a le bras long; on l'a pris pour un homme de coups, il donne des leçons. Charles Pasqua peut jubiler. Jamais l'establishment politico-médiatique ne l'aurait admis en son sein s'il n'avait été craint. Pour avoir du pouvoir, le gosse de flic était obligé de s'appuyer sur la peur et la contrainte. Devenu passage obligé de tous les réseaux de la droite, il peut aujourd'hui s'offrir le luxe gratifiant de la séduction. Mais ce n'est qu'un luxe. Pour s'être souvent frotté à lui dans la réserve prospère des Hauts-de-Seine, le jeune Nicolas Sarkozy a énoncé un théorème toujours valable et qui vaut mise en garde. « On n'est jamais, prétend-il, l'ami ou l'ennemi de Charles Pasqua. Le problème est de ne jamais lui tourner le dos... ! »

I

PASTIS ET EAUX TROUBLES

C'était avant la première cohabitation. Pressentant sa promotion, le tout-puissant patron de la Compagnie générale des eaux, Guy Dejouany, convie un matin à sa table du Ritz Charles Pasqua. Le petit déjeuner est copieux, mais l'invité morose. Avec sa distinction naturelle, Guy Dejouany s'efforce de nourrir au moins la conversation. Dix minutes se passent ainsi, sans que Charles Pasqua se déride. Soudain, forçant sur son accent et prenant un ton menaçant, il interrompt son hôte. « Monsieur Dejouany, apprenez que si vous ne me connaissez pas, moi en tout cas, je vous connais depuis fort longtemps ! » Stupeur de l'intéressé qui, en un quart de seconde, pioche dans sa longue vie et interroge à distance sa fiche des Renseignements généraux. « Eh oui, je vous connais et ce n'est pas d'aujourd'hui, reprend-il, content de son effet. Je peux même vous dire que je suis votre meilleur ami. » Guy Dejouany se sent un peu mieux, mais n'y comprend toujours goutte. « Je suis votre ami. » La plaisanterie dure. « Je suis votre ami. Ricard, ça ne vous dit rien ? » Ça ne lui dit rien. « Ricard, le meilleur ami de l'eau ! » s'esclaffe Charles Pasqua.

Ses années Ricard, même parvenu sur les hauteurs de la République, Charles Pasqua ne les a jamais oubliées. Et pour cause. Elles furent l'école de sa vie, le creuset de toutes ses ambitions, le laboratoire de tous ses talents. Il y a appris d'abord que la nature, décidément, l'avait doté d'une riche santé. Car combien de fois dut-il payer de sa personne pour placer dans les estaminets marseillais ce nouvel apéritif d'après-guerre. Quarante à cinquante doses par jour, c'était la cadence infernale pour imposer sur le zinc « le vrai pastis de Marseille », espérant qu'août vienne vite pour ne boire que de l'eau.

Il y a révélé ensuite et surtout son sens fantastique du boniment et ses talents de metteur en scène. « C'était un génie de l'organisation », se souviennent tous ceux qui, à ses côtés, participèrent à cette véritable croisade de l'anisette. Il en fit vite la preuve. Il n'était pas engagé depuis trois mois qu'un beau matin, Paul Ricard en personne le convoque au siège social de Sainte-Marthe, à Marseille. « Mon petit Charles, s'entend-il dire, cela fait trois mois que vous êtes avec nous et je dois bien constater que vous n'avez pas apporté la moindre idée. Je ne comprends pas! » Le jeune vendeur essaie de plaider sa cause, mais le grand patron l'interrompt. « Dans quelques semaines va se tenir à Lourdes un congrès marial qui devrait rassembler près de deux mille personnes. Je vous pose la question : comment allez-vous vendre du Ricard à tous ces gens qui forcément auront soif et ne voudront pas boire, à mon avis, que de l'eau de Lourdes? »

Le défi est lancé. Le jeune Pasqua se doit de faire un miracle. Le congrès se passe. Pas de nouvelles! Jusqu'au jour où Paul Ricard voit arriver sur son bureau une lettre de protestation de l'évêque de Lourdes, Mgr Théas, qui se plaint vertement des procédés de publicité peu catholiques de sa maison sur les lieux de pèlerinage et crie presque au sacrilège.

Convocation sur-le-champ de Charles Pasqua qui explique comment il s'y est pris. « Chaque jour, raconte-t-il benoîtement, je me suis mis dans la file des fidèles allant devant la grotte y déposer des fleurs. Simplement, mes fleurs à moi, je les présentais dans des carafes à nos couleurs. Elles y sont restées durant tout le pèlerinage. Dieu soit loué, car ce fut, monsieur, une bénédiction pour nos ventes. » Charles Pasqua venait d'inventer la publicité gratuite... et le sponsoring religieux.

A compter de ce jour béni, tout lui fut permis. Représentant, inspecteur des ventes, directeur commercial pour tout le grand Sud, responsable des ventes en France et pour l'étranger, en dix ans de temps Charles Pasqua devint le grand manitou de la maison et le protégé de Paul Ricard qu'il admirait. L'homme était cultivé, ouvert, moderne. Dans son sillage, Charles Pasqua apprit beaucoup et gagna énormément. « En 1966, je gagnais chez Ricard ce que je gagne maintenant comme ministre d'Etat, se souvient-il. Si j'avais voulu faire de l'argent, j'y serais resté, car, tout compte fait, le monde politique est plus dur que le monde de l'entreprise. Dans une entreprise, on connaît les règles et, généralement, on n'est pas combattu dans son propre camp. »

Sous la bannière Ricard, il cultive son goût presque naturel pour l'espionnite aiguë, apprend les petites ficelles de la déstabilisation pour damer le pion aux marques concurrentes, Pernod et consorts. Il apprend aussi le poids des mots, des slogans qui en disent plus long que des discours. « Ricard, le vainqueur de la soif » : une de ses trouvailles. Il apprend aussi, comme il le fera dix années plus tard pour le bonheur du RPR, à organiser de ces grands rassemblements qui entretiennent l'esprit maison et font bomber le torse. Déplacement à Rome en train des milliers de vendeurs de la marque. Marseille-

Barcelone en un cordon impressionnant de voitures peintes aux couleurs Ricard. Par mer aussi, comme l'été 1959, avec cette croisière sur le *Koutoubia* de la compagnie Paquet rebaptisé au retour « le bateau ivre » pour marcher sur les traces de son cher Napoléon, en Corse et sur l'île d'Elbe.

Il apprendra encore à connaître du pays, vivant pendant quelques années entre Marseille et New York. Aux Etats-Unis, il se familiarisera avec les techniques modernes de communication que Paul Ricard tenait à inculquer à ses meilleurs ambassadeurs. Le procédé était simple : pour s'habituer à la caméra, le disciple choisi devait accepter d'être suivi vingt-quatre heures sur vingt-quatre et sept jours sur sept, dans les endroits les plus intimes, par une équipe de télévision. Charles Pasqua se plia avec succès à ce test qu'il recommanda bien plus tard mais en vain à Jacques Chirac pour tenter de le « défrigérer » devant l'objectif.

Mais surtout, avec sa casquette Ricard, Charles Pasqua apprit à connaître la France, à la regarder avec culot au fond de ses bouteilles... « Les gosiers n'ont pas d'étiquette politique », ne cessait de répéter Paul Ricard. Dans les bistrots, Charles Pasqua apprit à parler au peuple, à le séduire, à le retourner, à le palper, à le convaincre. Technique qui fait encore merveille sous les ors des palais de la République. « Les gens viennent pour le poignarder, ils l'embrassent en sortant », s'émeut toujours un de ses anciens collaborateurs. Technique qui n'est cependant pas exempte de cette vulgarité qui décontenance, qui plaisait peut-être dans les arrière-boutiques, mais qui, dans les repaires guindés de la politique, peut troubler. « Monsieur le préfet, permettez que je pète », l'entendit-on lancer à la cantonade, lors d'un de ses nombreux déplacements en province. Il fut même un temps où Jacques Chirac se délectait de ces incartades fort mâles. « Ah, Jacques, l'interpella-t-il une fois au pied d'une passerelle d'avion, nous allons à Marseille. Ville formidable. Quand on y pète, ça sent le romarin ! »

Mais en cette ère Ricard des lendemains d'après-guerre, Marseille et ses environs sentaient plus souvent le soufre... Guerre d'Indochine, secousses algériennes, création du RPF, retour de De Gaulle en 1958, chasse aux communistes, empoignades avec la bande à Gaston... Defferre : vendre du Ricard n'empêchera jamais Charles Pasqua de faire la réclame pour ses idées et de prospecter bien loin des comptoirs. Les réseaux de l'anisette vont rapidement le mener dans les eaux troubles du gaullisme reconquérant. Paul Ricard n'y trouve rien à redire, lui qui, pendant l'Occupation, s'en est allé prudemment cultiver du riz en Camargue. Comme ses cinq oncles, comme son père, comme son frère, Charles Pasqua s'enrôla dès la fin de 1942, à l'âge de quinze ans, dans le réseau de résistance Tartane Phratrie de la France libre. Quelques petites frayeurs, mais pas de quoi en faire un roman.

Avec Ricard, de Gaulle fut l'autre grand homme de son existence. C'est en 1940 qu'il découvre pour la première fois dans une brève du journal local ce nom qui lui semblait être un canular. « Un nom pareil pour assainir la France, on se demandait si c'était vrai. » Mais bien vite, ses soupçons s'envoleront pour ancrer chez lui un gaullisme de cœur et de tripes. « Je suis gaulliste comme je suis français : sans complexe, a-t-il écrit un jour. Le général de Gaulle a été pour moi, depuis ces années d'adolescence, un héros mythique, à l'instar des héros grecs de l'Antiquité. Je lui ai donné ma foi et ne l'ai jamais reprise. »

Sans complexe donc, au nom du Général, sous la couverture Ricard, Charles Pasqua va militer, recruter, organiser, prolongeant, comme par nostalgie, ses jeunes années de résistance buissonnière. La politique est pour lui un combat et il ne lésinera jamais sur les armes. Dès avril 1947, il crée la première section RPF des Alpes-Maritimes et participe au parachutage de luxe de deux grandes éminences du nouveau mouvement, Marcel Dassault et son majordome Pierre Guillain de Bénouville. Avec ses supporters de chez Ricard, il investit le service d'ordre de ce mouvement avant de se retrouver, quelques années plus tard, responsable pour toute la région du fameux SAC (Service d'action civique) surgi en 1958 avec le retour de De Gaulle. « En politique, a écrit Arthur Schnitzler, il y a trois sortes d'hommes : ceux qui troublent l'eau ; ceux qui pêchent en eau trouble ; et ceux, les plus doués, qui troublent l'eau pour pêcher en eau trouble. » Charles Pasqua a toujours été de cette dernière espèce.

C'est au cours des ces années troubles qu'il bâtit ses premiers réseaux d'hommes sûrs et discrets qui l'ont beaucoup servi et peuvent encore servir. Il puisera abondamment dans le profond vivier corse du pourtour méditerranéen, dans les milieux d'extrême droite, chez les anciens de l'OAS. Qu'importe, pourvu que tous ses hommes lui jurent, à lui, Charles Pasqua, mutisme et fidélité.

Les « hommes de Pasqua » sont nés, vouant à leur patron crainte et respect, et jusques et y compris dans la capitale. Car le meilleur vendeur de chez Ricard a dû suivre une direction venue s'installer à Paris au numéro 2 de la rue de Solférino. Le siège national du SAC est au 5. Pour concilier commerce et politique, Charles Pasqua n'aura plus que la rue à traverser. Il devient vice-président du SAC, dans l'ombre de son éminence Jacques Foccart. Ses « Marseillais » font merveille. Ce ne sont pas de gros bras d'opérette. Si discrets mais si efficaces ! Pour les élections législatives de 1967, le SAC, sous sa houlette, est capable de fournir des campagnes clés en main ; ce qu'il fera pour un jeune énarque, couvé par le Premier ministre Pompidou et invité à s'établir en Corrèze – il s'appelle Jacques Chirac – que Charles Pasqua rencontre alors pour la première fois. Début d'un long feuilleton.

Pour tous ces bons services, pour avoir notamment su organiser, au cours de cette même campagne de 1967, les salles pour ses deux face-à-face de février, à Nevers, avec François Mitterrand et à Grenoble avec Mendès France, Georges Pompidou, Premier ministre, chef naturel de la majorité, le recevra à sa table de Matignon à la tête d'une délégation du bureau du SAC. On fête la victoire ! Au cours de ce déjeuner, Charles Pasqua fit rire aux larmes Georges Pompidou en lui narrant la sortie mouvementée de François Mitterrand, lors de ce fameux meeting du 22 février à Nevers. Ce fut à vrai dire la seule et unique fois où Charles Pasqua fit rire Pompidou ! Deux années plus tard, celui-ci allait réclamer sa tête.

Surviendra entre-temps Mai 68, « période triste et exaltante, se souvient Charles Pasqua, qui fut pour moi le point de départ d'une vie politique intense ». On ne saurait mieux dire. Les circonstances, encore elles, vont l'aider à sauter le pas. Un an plus tôt, il a quitté, avec quelques compagnons, Ricard. Monsieur Paul a annoncé qu'il voulait se consacrer à la peinture et passer le témoin à son fils Bernard. Un lien se rompt. Charles Pasqua préfère tourner les talons pour s'en aller fonder à Neuilly la filiale française du vermouthier italien Americano Gancia. L'affaire ne sera jamais prospère.

Charles Pasqua peut embrasser d'autant plus librement la carrière politique. Il vivra, c'est vrai, intensément les événements de 1968. A lui revient la paternité des comités de défense de la République. Le député de l'Aveyron, Jacques Godfrain, responsable des jeunes du SAC à l'époque, le confirme : « Charles Pasqua avait compris la psychologie de masse. Comme c'est la rue qui l'emporte, m'a-t-il dit, c'est la rue qui doit répondre à la rue. » L'histoire de ces événements a retenu la grande contre-manifestation gaulliste du 30 mai à Paris, de la Concorde à l'Arc de triomphe. La légende de Charles Pasqua a longtemps voulu le présenter sous les traits du « sauveur de la patrie », du démineur luttant seul à mains nues contre la « chienlit ». Légende ! Charles Pasqua n'était pas seul. En mobilisant avec efficacité – mais toujours dans l'ombre – ses réseaux Ricard, il donna un sérieux coup de main pour cette journée du grand sursaut. Et ce ne fut pas oublié. Comme Jacques Godfrain, il en sera récompensé. Tout nouveau député, Charles Pasqua débarque au Palais-Bourbon dans une odeur de poudre.

Le SAC n'était pas habilité à investir ses propres candidats aux élections. Pour ces deux hommes, une dérogation est acceptée pour les élections législatives qui allaient suivre et qui devaient provoquer un raz de marée de la droite gaulliste ressuscitée. Jacques Godfrain opta pour Perpignan. Charles Pasqua revendique l'honneur de « se faire un communiste ». Il choisit les Hauts-de-Seine où il vient de poser ses valises de VRP pour « se faire » le député communiste sortant de Levallois-Perret, Parfait Jans. Campagne rapide mais brutale, face à des communistes qui n'ont pas, sur place, la réputation d'enfants de chœur. Sous-employés à Marseille, les « amis de Charles », recrutés pour la plupart dans les bistrots du Vieux-Port, viennent assurer la logistique avec plus d'armes que de bagages. Un soir de collage, la campagne dégénère. Fusillade : deux militants communistes blessés. La police s'en mêle.

Charles Pasqua conquiert le siège, mais à quel prix. La discrétion de ses hommes a été prise en défaut. Dans le décor parisien, la scène fait mauvais genre. Il doit assumer « la connerie » qui longtemps laissera des traces sous la semelle de ses souliers. Il lui faudra des années pour s'en défaire.

De ces chaudes années du SAC patronnées en coulisse par Ricard, Charles Pasqua n'a jamais beaucoup aimé parler. Quand, en 1982, la gauche victorieuse voulut, par une commission d'enquête parlementaire créée après la tuerie d'Auriol, éclairer ces activités de l'ombre, il ne fut pas parmi les plus bavards. « N'oublions jamais, recommandait à l'époque Jacques Chirac à ses députés, que ces hommes du SAC nous ont rendu service et que nous avons eu besoin d'eux. » Charles Pasqua n'en a jamais dit plus.

En 1969, au lendemain de l'arrivée à l'Elysée de Georges Pompidou, il retira la main de ce SAC. Il a prétendu qu'il en avait démissionné. Vingt-cinq ans après, on a tout lieu de penser qu'il fut plutôt, avec quantité d'autres, l'une des victimes désignées de l'épuration menée par Jacques Foccart sur ordre du président Pompidou. Après les « malheureuses » affaires Ben Barka et Markovitch, les dérives mafieuses de ce drôle de SAC avaient fini par faire désordre. Le nouveau locataire de l'Elysée entendait nettoyer les écuries du gaullisme. Durant sa campagne présidentielle, Georges Pompidou avait prévenu : « Mon souci le plus urgent sera de rechercher et de briser tout ce qui pourrait exister dans le genre des polices parallèles ou organisations armées clandestines. Je serai impitoyable. » Charles Pasqua fut l'un des premiers concernés. Il lui était reproché de vouloir entretenir sa propre garde prétorienne. Par la suite, il n'a rien fait pour se laver de ces soupçons. Il a toujours eu « ses » hommes, « son » service d'ordre, « ses » relais et, aujourd'hui encore, il sait pouvoir puiser dans un vivier d'hommes dévoués, toujours discrets et mobilisables dans le quart d'heure. Enfin, ce ne fut jamais un mystère que Charles Pasqua ne s'est jamais senti battre pour Pompidou un cœur de militant.

« En dehors du 14 Juillet, on ne voyait jamais Charles à l'Elysée », se souvient celle qui, en ce temps-là, y avait établi ses quartiers, Marie-France Garaud. Une seule fois, il fut convié à déjeuner avec une délégation de parlementaires UDR. Ce fut une catastrophe. En bon paysan, Pompidou se met à parler de la pluie et du beau temps. Chaban est à Matignon, mais il n'a pas encore vendu sa « nouvelle société »; Pompidou est d'humeur badine. « Alors, messieurs, lance-t-il, quoi de neuf? » Et il commence à déguster les coquilles Saint-Jacques. Un des convives prend tout de suite la parole. C'est Charles Pasqua, député des Hauts-de-Seine. « Eh bien, monsieur le président, c'est simple. On n'est pas gouverné. » La table devient muette. Pompidou s'étrangle : « Si vous laissiez Chaban gouverner un peu plus tranquillement, le pays n'aurait peut-être pas cette impression! » Fin de l'impromptu.

Pompidou vivant, Charles Pasqua ne reviendra jamais plus déjeuner à l'Elysée. Selon Marie-France Garaud, Charles Pasqua avait ce jour-là simplement oublié une chose essentielle : « Pompidou détestait parler sérieusement avant le fromage! » En réalité, Charles Pasqua ne manifestait aucune révérence pour ce successeur usurpateur qui, à ses yeux, avait eu la hardiesse de « tuer le père de Gaulle de son vivant », qui lui semblait de surcroît n'être que la stricte incarnation du pouvoir de l'argent, casaque Rothschild, et qui, pour couronner le tout, devait le priver de son jouet à faire peur, « son » SAC. Jacques Chirac et Edouard Balladur furent « fascinés » par

Pompidou. « C'était le patron rêvé », n'a jamais cessé de répéter le premier. Pour Charles Pasqua, accepter Pompidou, c'était renier de Gaulle, changer de France, faire le lit de la droite industrielle et conservatrice. « Si de Gaulle avait été Tito, j'aurais été communiste ! » répète-t-il souvent. Vingt ans après la disparition de Pompidou, Charles Pasqua n'a toujours pas oublié, ni davantage pardonné. Jacques Chirac le sait. Edouard Balladur ne peut pas ne pas deviner...!

II

LA BELLE ÉQUIPE

Sur lui-même, Charles Pasqua est capable de parler beaucoup. Mais il ne dit jamais rien! Sur ses méthodes, son secret de fabrication politique, il est toujours resté muet ou, quand il ne l'était pas, a toujours su, avec cet art tout méridional qu'on doit bien lui reconnaître, mentir franchement, ce qui revenait au même. Son rire et sa gouaille sont ses meilleurs remparts. Entretenir le mystère est chez lui presque une jouissance. « Le silence est un ami qui ne trahit jamais », disait Goethe. Charles Pasqua pourrait en faire sa devise. On le dit pudique – « C'est chez moi un réflexe », affirme-t-il –, pudibond, même, pour tout ce qui touche à la moralité. Question de génération sans doute, fierté du Corse aussi qui garde pour lui ses peines, ses misères comme ses joies. On peut comprendre en tout cas que Charles Pasqua n'ait jamais aimé voir étalées sur papier glacé les frondaisons de son jardin secret. Pour s'imposer dans ce monde politique qui n'était pas le sien, il a vite compris qu'il lui fallait une vie personnelle exemplaire. Elle le fut. Et elle l'est; sa petite famille a constamment été son refuge, son réconfort, son oxygène. Jeanne, sa discrète épouse, qui depuis un demi-siècle environ partage sa vie et son engagement politique. Son fils unique, Pierre, qui lui a donné deux petits-enfants qui font aujourd'hui son bonheur, Alexandre et Philippe, et aussi quand même bien des soucis.

Mais de cette famille, il faut bien parler puisqu'elle est la pointe du système pyramidal Pasqua. Un système complexe, inspiré de la méthode Ricard et des pratiques du SAC. Un système où les pistes sont délibérément brouillées. Avec, comme dans les meilleurs polars, ses points de rencontre disséminés un peu partout dans Paris, ses services de renseignements particuliers. Même quand il n'était pas à l'Intérieur, Charles Pasqua a toujours pris un malin plaisir à décontenancer son visiteur en lui lançant en guise de plaisanterie : « Ah, cher ami, vous me faites penser qu'il y a bien longtemps que je n'ai consulté votre fiche ! » Un système avec ses hommes actifs ou en sommeil. Où, surtout, chacun ignore la partition de l'autre. Charles Pasqua, qu'on appelle dans ces coulisses le « patron » ou le « boss », étant bien entendu le seul à pouvoir se faire une idée de la prestation de l'orchestre. Un orchestre qui s'est considérablement élargi et « anobli » depuis son installation place Beauvau, histoire de prouver que sa nouvelle musique d'aujourd'hui répond à l'adoucissement de ses mœurs.

La cour s'est élargie mais, en réalité, le noyau dur n'a jamais changé. Le système Pasqua ressemble à celui des poupées russes : une cour pour la parade, un clan pour servir inconditionnellement, une famille pour rassurer. Trois cercles pivotant sur un personnage secret. Qui ne fait au bout du compte confiance qu'à son flair, mais qui connaît les scénarios de la comédie humaine mieux que quiconque. Charles Pasqua est un solitaire qui aime être servi et entouré. Les gens de sa cour le jugent sensible. Ceux qui ont fini par s'éloigner en ont plutôt retenu que cette sensibilité-là n'était que fourberie et maniement astucieux et concret des hommes et des énergies. « On apprend avec lui, confiait l'un d'entre eux, que tout peut s'acheter et que tout le monde peut être un traître en puissance. » Comme Bonaparte, Charles Pasqua a sans doute aussi appris que décidément, « on gouverne mieux les hommes par leurs vices que par leurs vertus ».

Dans ce petit théâtre d'ombres, seule son épouse Jeanne peut en tout cas se prévaloir de jouer auprès de lui le rôle privilégié du souffleur. Leur amour est né en septembre 1947 avec pour témoins les premiers militants RPF des Alpes-Maritimes. Une belle histoire commençait, si rare dans l'univers mouvementé de la politique. « Dans les jours difficiles comme dans les meilleurs, jamais son aide et son appui ne se sont démentis », confesse Charles Pasqua. La pondération de cette Canadienne a teinté de respectabilité la gouaille atavique de ce descendant de Corse. C'est elle qui assure sa revue de presse. Pas une journée sans un coup de fil. Un passage à la télévision et c'est tout de suite un appel pour prendre le pouls de sa meilleure téléspectatrice.

C'est précisément en regardant le petit écran que les Français ont pu faire connaissance avec elle. C'était en 1987, sur TF1, lors d'un « Questions à domicile » avec Anne Sinclair, dans les appartements privés de la place Beauvau. L'actualité était alors très rude pour Charles Pasqua. Sa femme n'en pouvait plus. Son émotion inonda l'écran : « Je voudrais dire que si je connaissais Charles Pasqua par ce que j'ai lu et entendu sur lui, je le trouverais très antipathique. Nous sommes mariés depuis quarante ans ; cela fait un long chemin, et je le sais bien : c'est un homme bon, droit, généreux. Si je le dis, c'est parce que je le sais. » Cette révolte amoureuse fit alors autant sensation que les larmes de Giscard !

Pour son mari, elle eut ainsi toujours les yeux de Chimène. C'est elle, indubitablement, qui, au lendemain de 1988, a fait prendre conscience à son mari que, désormais, il était capable de se mettre à son compte. C'est elle encore qui a été la première choquée par la condescendance de Jacques Chirac à son endroit et qui a précipité la cassure entre les deux hommes.

Quant à son fils unique Pierre, Charles Pasqua a longtemps espéré pouvoir un jour lui léguer aussi son héritage politique. Il l'aurait bien vu par exemple maire de Nice, succédant à Jacques Médecin. Rêve brisé : ce fils-là n'est politiquement pas présentable. Passionné dans sa jeunesse de chants mussoliniens, sa ferveur pour l'extrême droite ne s'est jamais dissipée, ce qui, pour un ministre de l'Intérieur de la République en quête de grandes retrouvailles gaullistes, impose la discrétion. Aujourd'hui, de sa base établie à Grasse, avec ramifications à Monaco et en Afrique, le fiston fait des affaires fort prospères dans le bâtiment et ce qu'on appellera l'import-export. Mais il reste proche d'un père qui garde pour lui de compréhensibles faiblesses.

En 1968, avec l'enthousiasme de ses vingt ans, ce fils sorti du régiment de parachutistes de Pau entre discrètement, comme papa, dans les bataillons secrets du SAC. Mais sa mission ne consiste pas seulement à fournir aux CRS oranges et gâteaux secs. Au cours de ce printemps chaud et plus tard encore, Pierre Pasqua ramène à la maison tous ses potes qui militent à l'extrême droite. Certes son père ne l'a pas attendu pour exploiter à sa façon cette jeunesse qui s'y entend pour « casser du gauchiste ». Avant 1968 déjà, il avait été chargé pour le SAC des relations avec l'extrême droite. « Il nous proposait tout ce que nous voulions pour reprendre l'Odéon », se souvient un ancien leader de l'époque. De 1966 à 1975, il sera pour l'UNR le principal agent recruteur, en concurrence avec les Michel Poniatowski et Roger Chinaud qui déployaient la même activité pour le compte de Giscard. Ils repêcheront des gros poissons comme Alain Madelin et Gérard Longuet. Charles Pasqua remontera lui, avec son fils comme appât, ce qu'il peut, se chargeant parallèlement d'empêcher la réunification de l'extrême droite française en finançant lui-même la création du PFN. « Tous ceux qui étaient des crapules, dénonce aujourd'hui l'une des anciennes figures emblématiques de cette extrême droite, Jean-Gilles Maliérakis, sont allés dans l'entourage de Pasqua. Ils y sont allés pour la gamelle. »

Avec beaucoup d'argent, en leur donnant voitures, avantages et respectabilité, en effaçant aussi beaucoup d'ardoises et en blanchissant beaucoup de fiches, Charles Pasqua a ainsi largement puisé dans les eaux glauques de mouvements tels qu'Occident et Ordre Nouveau. Certains ont fini par se détacher de ce réseau Pasqua, de leur plein gré, parce qu'ils pouvaient se suffire à eux-mêmes, comme son ancien avocat Patrick Devedjian. Ou, pour des raisons mystérieuses, parce qu'ils y furent contraints, tel Joël Gali-Papa, longtemps présenté comme le véritable fils spirituel de Charles Pasqua, ce qui eut sans doute le don d'irriter le fils légitime.

Grâce à la bienveillance de ce dernier, trois anciens de 68 ont réussi à maintenir leur rang dans la garde rapprochée. Alain Robert, ancien d'Ordre Nouveau, du GUD, et fondateur du Front national avec Jean-Marie Le Pen, qui n'évoque pas sans nostalgie « cette époque d'outrance romantique » et qui rend grâce à Charles Pasqua d'avoir toujours su s'intéresser avant tout aux hommes. « Pasqua, ajoute-t-il, m'a fait découvrir que le gaullisme était d'abord un rassemblement. » Secrétaire général du Mouvement national des élus locaux (MNEL) depuis 1989, c'est lui, dans l'ombre d'Alice Saunier-Seïté, qui se charge de jardiner ce précieux terrain des municipalités de France. Ce MNEL est devenu, sous son autorité, une des plus dynamiques officines pasquaïennes grâce à un réseau de trois cent vingt mille élus locaux de la majorité et une pompe à finances souterraine fort bien alimentée.

L'autre homme a été le délégué général de ce même mouvement d'élus. Jean-Jacques Guillet, un ancien du pool communication du groupe Bongrand jusqu'à ce qu'il fonde sa propre maison et son propre institut de sondage. Il a beaucoup œuvré pour la communication de Charles Pasqua. Elu député des Hauts-de-Seine en récupérant le siège du défunt Claude Labbé, l'ancien président du groupe RPR à l'Assemblée nationale, il est devenu dans ce département le véritable bras armé de Charles Pasqua. « Je suis tombé sous le charme très vite, convient-il. Avec Charles Pasqua, on n'a jamais considéré que la communication se limitait à l'image. Dès la fin des années soixante-dix, nous avons compris que la communication, c'était aussi de la politique. »

Enfin, le plus jeune de la bande, aujourd'hui le plus influent place Beauvau derrière l'un des bureaux les plus proches du « saint des saints » : William Abitbol, venu dans le sillage de Jean-Jacques Guillet et très proche aujourd'hui de Pierre Pasqua. La tête et la plume... Ce Juif pied-noir qui naguère entonnait des chants nazis sur les estrades de Sciences-po s'est converti au gaullisme. Evoquant lui aussi sa « période romantique », il admet une seule « connerie » : « celle de n'avoir pas été gaulliste assez tôt ». Il n'est pas sûr qu'il le soit devenu à ce jour. William Abitbol est un anarchiste qui s'ignore peut-être dans ses costumes toujours tirés à quatre épingles, mais assurément un joueur qui, avec Charles Pasqua, semble avoir déniché un atout maître qu'il ne veut surtout pas gâcher. Et comme le patron lui a donné carte blanche, William Abitbol passe, place Beauvau, quelques bons moments.

Outre cette souche greffée sur l'extrême droite, le clan Pasqua comprend trois hommes, trois Corses, qui n'aiment guère attirer les projecteurs sur leur dévouement, qui servent le « patron » sans se soucier le moins du monde, eux, d'y mettre un paravent gaulliste. Le premier habite aujourd'hui avec ses chats sur la butte Montmartre, près de la rue Saint-Vincent. Il n'est pas rare de le croiser, le samedi matin, place Beauvau, venant faire la causette avec son ami Charles. Entre 1986 et 1988, il y avait un bureau à son nom : Laetizio Bourgeois. Son principal travail – ce que tout le monde ignorait à l'époque – fut de préparer le redécoupage de la carte électorale pour les élections législatives de 1988, exercice passionnant pour lui. Charles Pasqua ne pouvait lui faire davantage plaisir. Depuis qu'ils ont commencé ensemble chez Ricard en 1952, ils ne se sont plus quittés. Ensemble, ils ont gravi les échelons. Charles était directeur des ventes du grand Sud, quand Laetizio, homme frêle et discret, était le patron du grand Paris. Ensemble, ils ont quitté la « maison » pour lancer Americano Gancia. Laetizio a vécu la conquête par son ami des Hauts-de-Seine, sa montée en puissance au sein du RPR, son premier maroquin. Il sait d'où il vient et où il peut aller. Il est le seul homme de toutes les confidences, le vieux copain des bons et mauvais moments.

Les deux autres sont des lieutenants fidèles, prêts à assumer toutes les missions délicates. « Je n'ai pas d'autre patron, pas d'autre horizon » : telle est l'unique profession de foi de Daniel Léandri, cinquante ans, surnommé « le Tondu », ancien lui aussi du SAC, sorti dans les années soixante-dix par Charles Pasqua de son petit commissariat de Clichy-la-Garenne. Cet ancien agent de police a pris, dans le dispositif Pasqua, une place inexplicable autrement que par son mutisme intégral sur ses occupations. « Moins on parle de moi, mieux ça vaut » : c'est la seule confidence que l'on peut effectivement recueillir auprès de cet homme en manque de vocabulaire. « Tout à fait, tout à fait » : ce sont les seules paroles qu'on lui entend dire lorsqu'il se sent en confiance. Entre 1986 et 1988, il se trouvait au troisième étage du ministère avec d'autres collaborateurs. Il occupe à présent le bureau jouxtant celui de Charles Pasqua, avec tous les attributs téléphoniques du pouvoir, une salle d'attente où il peut se permettre de faire patienter sans gêne d'illustres visiteurs. Il est l'un des rares à fréquenter les appartements privés du patron, ce qui ne fait que conforter son statut de premier serviteur. Pourtant, officiellement, Daniel Léandri n'existe pas. En réalité, il gère dans l'ombre le dossier corse et surtout, surtout, il est l'homme des valises africaines.

Le dernier membre du clan est plus connu. Difficile de le trouver place Beauvau, il est souvent en voyage... Jean-Charles Marchiani fit la une des journaux quand, en 1988, il s'avéra qu'il avait pris une part active dans la libération des otages français du Liban. Même lors du retour dans l'opposition, ses missions particulières n'ont jamais cessé, dans les pays du Maghreb comme dans tout le Moyen-Orient. Cet ancien proche de l'OAS sert Charles Pasqua depuis plus de vingt ans, trouvant dans son sillage les satisfactions, les compensations, la reconnaissance qu'il n'a pu obtenir quand il travaillait pour les services secrets français. Enrôlé très jeune au SDECE (Service de documentation extérieure et de contre-espionnage), il en fut exclu en 1970 pour avoir trempé dans la manipulation qui, dans l'affaire Markovitch, devait attenter à l'honneur de l'épouse de Georges Pompidou.

Bizarrement, Charles Pasqua, lui, n'y verra pas d'inconvénient et récupérera ce passionné du renseignement intrépide. On lui trouva une couverture dans la filiale de restauration d'Air France, la Servair, où il eut quelques démêlés, puis chez Thomson, et il retrouva son protecteur dès 1986 place Beauvau. En octobre 1993, il fut fait préfet, rattaché directement et, cette fois officiellement, au ministre de l'Intérieur « pour mission de service public relevant du gouvernement ». Le « préfet Marchiani », ainsi qu'il adore se présenter lui-même au téléphone, sait qu'il est devenu un homme clé, notamment en ces temps de nuages lourds sur l'Algérie. Dans les pays arabes, il est l'œil et la main de Charles Pasqua et il ne lui déplaît point que cela soit dit.

Ces hommes de clan sont des solistes, jadis maintenus volontairement dans la fosse, aujourd'hui franchement installés derrière leur pupitre. Chacun tient son rôle et chacun en réfère directement au chef. Vient ensuite l'orchestre, la cour que Charles Pasqua s'est constituée dans la place forte de Beauvau comme dans sa citadelle des Hauts-de-Seine. Des recrues qui font bien dans le décor, venues d'horizons très différents, qui souvent avaient soif de revanche et de respectabilité et qui, avec Charles Pasqua, qui connaît la faiblesse des hommes, ont trouvé aussi un certain confort matériel. Par leur simple présence, les uns et les autres ont contribué à modifier l'image de leur employeur. « Charles a enfanté des monstres », pouvait dire, voici encore quelques années, son ami corse, devenu à son tour ministre, Roger Romani. Jacques Chirac a souvent ironisé sur « les chemises brunes de Charlie ».

Celles-ci ont revêtu aujourd'hui un linge plus distingué, plus respectable, conférant à Charles Pasqua des qualités de rassembleur, d'homme ouvert à toutes les idées et à tous les tempéraments, faisant fi des dérives anciennes des extrémistes de droite comme de gauche. Tous ces hommes enrôlés depuis ces dernières années sont venus conforter le nouveau discours œcuménique et généreux de Charles Pasqua, prouver autrement dit qu'il savait rallier les hommes à sa parole, utiliser les compétences plutôt que gérer les diplômes et manier les étiquettes.

Ce qui fait qu'on trouve de tout aujourd'hui dans la maison Pasqua. Un ancien journaliste du *Matin* voisine avec une ancienne consœur du *Figaro* pour des relations très soignées avec la presse et le Parlement. Un radical, Pierre-Henri Paillet, est propulsé patron de la DATAR. Des centristes, race pourtant que Charles Pasqua exècre, ont été admis. Pierre Bordry, l'ancien directeur de cabinet d'Alain Poher, a été récompensé pour bons et loyaux services (et double jeu efficace au Sénat) et a été chargé du dossier de la police. André Damien, le maire de Versailles, a été nommé responsable des cultes et s'est vu promettre un siège de sénateur. Le turbulent Jacques Voisard, qui avait beaucoup travaillé pour Raymond Barre et Pierre Méhaignerie, a été appelé pour prospecter sur le chantier de l'aménagement du territoire. L'ancien curé Jean-Claude Barreau, qui maria Michel Rocard, fut chargé de mission à l'Elysée, présida l'Office des migrations internationales de 1989 à 1991 et n'a trouvé « aucune raison de se dérober » lorsque Charles Pasqua le voulut conseiller à ses côtés pour les questions d'immigration. Dans les Hauts-de-Seine, l'enrôlement de l'ex-maoïste, l'architecte Roland Castro, ancien chantre du mitterrandisme des banlieues, fit en 1992 sensation. Privé d'un ministère de la Ville donné à Bernard Tapie, Roland Castro était lui aussi en mal de réhabilitation. Charles Pasqua saura en profiter. Mieux, Roland Castro a retrouvé dans les Hauts-de-Seine, en charge des dossiers d'aménagement du département, un jeune repenti communiste, Maurice Leroy, ancien secrétaire général du groupe communiste au Sénat et élu depuis conseiller général dans le Loir-et-Cher.

Tous ces récents convertis au pasquaïsme louent à l'envi la transfiguration de leur nouveau maître à penser et à agir. « Je n'aurais pas travaillé avec le Pasqua de " 86 " », soutient Maurice Leroy. « Des gens à états d'âme comme moi, dit sans rire André Damien, on se sent bien à ses côtés. » Tous sont d'accord : ce ne sont pas eux qui ont changé, c'est Charles Pasqua qui s'est bonifié. Mais peu ont le recul suffisant pour s'apercevoir que Charles Pasqua – pour demeurer dans notre comparaison musicale – joue avec eux comme sur les touches d'un clavier dont la gamme paraît aujourd'hui tout à fait complète. Depuis fort longtemps, Jean-Jacques Guillet, haut gradé au sein de la Grande Loge nationale de France, est chargé des relations avec la franc-maçonnerie, avec des relais extérieurs mais proches, tels ceux du préfet de police de Paris, Philippe Massoni, ou d'un autre Corse beaucoup plus discret, depuis très longtemps accroché lui aussi à la nébuleuse pasquaïenne, Antoine Pagni, ancien maire de Pietroso en Haute-Corse et reconverti en notable de l'Aisne dont il est l'un des conseillers généraux.

Grâce à André Damien, Charles Pasqua peut pénétrer les milieux catholiques, et plus particulièrement traditionalistes. Mais c'est aussi grâce au même que Charles Pasqua est maintenant invité à la table du cardinal de Paris, Mgr Lustiger. Grâce à Jean-Claude Barreau, il découvre mieux le monde de l'islam, ce qui ne semble apparemment pas poser trop de problèmes. « Charles Pasqua, s'enthousiasme Jean-Claude Barreau, est aujourd'hui complètement respecté dans le monde arabe, qui est sensible à son image d'autorité forte. » Enfin Charles Pasqua, comme on le dit au sein même de la communauté, a sous la main son « bon Juif » qui le suit depuis 1986 : Patrick Gaubert-Goldenberg, chargé de mission pour la lutte contre le racisme et l'antisémitisme, membre de la LICRA et exerçant toujours ses activités de chirurgien-dentiste à Paris. Depuis qu'il a eu carte blanche pour lancer dans les départements des comités antiracistes, il est devenu l'ennemi numéro un de toute la presse d'extrême droite, jusqu'à recevoir des menaces de mort. Bien qu'il tienne à minimiser l'influence des anciens d'extrême droite réfugiés auprès de Charles Pasqua, il reconnaît que sa persévérance n'a pas été du goût de tout le monde au cabinet.

Mais les humeurs, les rivalités internes, les jalousies personnelles restent secrètes. Quand on s'engage au service de Charles Pasqua, on sait d'emblée qu'il y a des questions à ne jamais poser, des curiosités à garder pour soi. « Même quand vous pouvez être très intime avec lui, il y a des choses que vous ne demandez jamais », confie son ancien fils spirituel, Joël Gali-Papa. On sait que Charles Pasqua ne supporte pas les bavards. Qu'il n'admet que les inconditionnels. Il paie aussi le silence.

Les hommes de Charles Pasqua sont tellement convaincus aujourd'hui d'être les meilleurs, les plus efficaces et les plus « politiques » ! D'avoir construit un véritable « cabinet de Premier ministre » auprès duquel, selon leur avis général, celui d'Edouard Balladur ressemble à une cour de bambins tristes ! D'être au cœur du pouvoir et à la croisée de tous les chemins pour le futur combat présidentiel ! Ils sont tellement persuadés que, demain, Charles Pasqua sera capable de les faire monter en cordée sur d'autres sommets que rien ne semble pouvoir perturber cette ambiance particulière qui, à défaut d'être saine, transforme les hommes en parfaits instruments.

III

L'ÉMIR REPENTI

Dès que Charles Pasqua eut repris en mars 1993 ses quartiers place Beauvau, on comprit vite qu'on allait voir ce qu'on allait voir. Ministre d'Etat, de l'Intérieur et... de l'Aménagement du territoire. Il ne fallait pas être grand clerc pour deviner que, cette fois, Charles Pasqua ne se contenterait plus de son képi et de son bâton blanc, mais que, par un coup de baguette magique, il se préparait à être l'enchanteur Merlin de la France de 2015. Qu'il n'était plus volontaire pour passer l'essentiel de son temps à maintenir l'ordre, à désamorcer les bombes, à affréter des charters. Charles Pasqua annonça rapidement la couleur : ministre d'Etat, il avait l'ambition d'être le ministre de l'Etat. De Gaulle avait brisé son sceptre en 1969 sur l'écueil de la régionalisation. Vingt-cinq ans après, il ne rêvait plus que de lui donner raison !

« Ce sera la grande affaire de ma vie ! » finit-il même par se promettre. « Ce gouvernement a décidé de s'engager dans une grande politique d'aménagement du territoire, se félicitait-il quelques jours après son installation, on me le doit en grande partie. J'ai l'ambition d'inverser le processus de dégradation actuel, d'aller vers une France plus juste et de lutter pour ce faire contre les situations acquises, les privilèges et les injustices. C'est un projet par essence révolutionnaire. » Rien de moins ! Cette profession de foi proclamée dans les colonnes du *Monde* n'allait être que le début d'une longue litanie appelant à une France plus juste, plus solidaire, plus harmonieuse, plus équilibrée, plus belle. Les maîtres mots aussi d'une croisade au pas de charge dans les vingt-deux régions françaises pour recueillir les doléances et exhorter, avec des accents gaulliens à terrasser le « chacun pour soi » afin de dessiner une France pour tous.

Mais il eut beau dire et beau faire : voir le patron du département le plus prospère de France, l'émir des Hauts-de-Seine, s'en aller ainsi par monts et par vaux revêtu de l'habit de bure du pénitent et prêchant la charité... Autant imaginer le prince Rainier de Monaco en train de vendre *Macadam* dans le métro. « Pasqua en général Boulanger, je veux bien, mais en mère Teresa, ça devient pittoresque », pouffa Jacques Chirac. « La conversion de Charles Pasqua à l'aménagement du territoire est peut-être la plus grande mutation intellectuelle de ce gouvernement », ironisa, du haut de son donjon du Sénat, René Monory, tandis que certains de ses pairs de l'Ile-de-France célébraient sarcastiquement ce miracle qui voyait subitement l'Harpagon des Hauts-de-Seine se muer en saint François d'Assise de la région parisienne.

Somme toute, Charles Pasqua se révélait là courageux. Mais pas téméraire. Car il pouvait bien désormais décréter l'heure de la révolution, puisqu'il avait déjà son petit royaume. Il pouvait bien parler d'aménagement du territoire puisqu'il n'avait eu de cesse jusqu'alors que d'aménager « son » territoire. En moins d'un septennat, les Hauts-de-Seine sont devenus sa principauté, sa chasse gardée, son rocher. Président du conseil général du département le mieux pourvu de France. Cent soixante-seize petits kilomètres carrés, apposés comme une cédille à Paris, mais quarante-trois mille entreprises, deux cent vingt mille emplois industriels et neuf sièges des douze principales sociétés nationales, un million quatre cent mille sujets, mais un budget annuel de sept milliards de francs, avec un PIB égal à celui de la Grèce!

Chaque matin, tandis que le soleil se lève sur la Grande Arche de la Défense, Charles Pasqua peut s'imaginer président du trente-sixième Etat de la planète et se dire, comme il le fait souvent : « Même si je suis le second à Rome, je suis le premier chez moi dans les Hauts-de-Seine. » Ce fauteuil doré ne lui a pas toujours inspiré l'esprit charitable qu'il révèle maintenant. Un soir d'été 1991, alors qu'il est l'invité, au Puy-du-Fou, de son petit frère d'armes européen, Philippe de Villiers, Charles Pasqua s'enquiert du budget de son conseil général de Vendée. « Un milliard tout rond! répond sans hésiter son hôte-président.

– Très bien, j'achète! » rétorque du tac au tac Charles Pasqua. C'est ce même soir qu'un peu gai, devant des convives ébahis, Charles Pasqua se mit à jouer au président de la République et à animer une séance imaginaire de son Conseil des ministres! C'est ce même soir qu'il s'entendit avec le vicomte concernant le « gardiennage » de la droite catholique et française pour toujours.

Avant de pouvoir jouer ainsi les grands seigneurs, Charles Pasqua a dû pourtant payer de sa personne et ronger plus d'une fois son frein. Les Hauts-de-Seine n'ont pas déroulé du jour au lendemain le tapis rouge sous ses pas. Après un parachutage en 1968 quelque peu chahuté, il lui faudra douze ans pour revenir à la tête d'un département qu'il avait présidé entre 1973 et 1976, mais sans les attributs avantageux des lois de la décentralisation Defferre de 1981. A l'époque, cette présidence lui était revenue plutôt comme un lot de consolation après la gifle magistrale infligée à Levallois-Perret par le communiste Parfait Jans, qui tenait ainsi sa revanche de 1968. Le PC le mettra une seconde fois au tapis en 1976, quand il lui chipera le siège de conseiller général de Levallois-Perret conquis en 1970. A compter de ce moment-là, Charles Pasqua se fait le serment de ne plus remettre les pieds à Levallois-Perret et de s'implanter sagement à Neuilly. Grâce au parrainage du maire de cette ville, corse comme lui, l'ancien président de l'Assemblée nationale Achille Peretti, il s'attend à ce que ce ne soit qu'une simple formalité. En 1977, il se pousse du col sans problèmes pour devenir sénateur. Conseiller municipal de Neuilly, il attend paisiblement son heure. Il se verrait bien maire de cette cité quand même politiquement beaucoup plus paisible que cet infernal bastion rouge de Levallois.

Avril 1983 : Achille Peretti meurt. Charles Pasqua pense n'avoir qu'à se baisser pour ramasser le flambeau. Mais un jeune homme va lui griller la politesse. Un jeune loup qu'il pensait – comme toutes ces frêles pousses RPR qu'il s'était chargé d'implanter dans tout le département avec son autorité de grand protecteur du mouvement, de patron de la fédération des Hauts-de-Seine, de président du groupe RPR au Sénat – tout entier voué à sa personne. Un jeune avocat de vingt-sept ans qui, à son insu, s'en va plaider sous la robe partout en ville que non, décidément, « Neuilly ne peut pas se donner à un ancien vendeur d'anisette ». Ce jeune homme intrépide s'appelle Nicolas Sarkozy.

« Celui-là aussi, je lui ai tout appris, raconte aujourd'hui Charles Pasqua. Le problème, c'est qu'il n'a pas tout retenu. » En tout cas, Charles Pasqua, lui, n'oubliera jamais la façon dont ce jeune paltoquet l'entourloupa. Lorsque Achille Peretti décède, Charles Pasqua se trouve à Neuilly, mais en clinique pour se faire ôter une hernie. Elle ne sera jamais enlevée, ce qui fait, coquin de sort! que pendant longtemps, il conservera un souvenir physiquement douloureux de cet épisode pour lui funeste. « Que voulez-vous, se consola-t-il, quand on est cocu, on est toujours le dernier à le savoir! » Lorsqu'il a vent de la trahison de son jeune obligé qui prend le large, Charles Pasqua quitte son lit d'hôpital ventre à terre pour tenter d'inverser la vapeur. Trop tard. Nicolas Sarkozy est élu au nez et à la barbe de Charles Pasqua qui ne lui pardonnera pas de sitôt ce crime de lèse-majesté. Pendant quinze jours, il en fera une quasi-dépression nerveuse. Il se laissera pousser la moustache, comme pour mieux trafiquer son visage et masquer son dépit. Jeanne, sa femme, fit le serment : « Plus jamais ce Sarkozy n'entrera dans notre maison. » Longtemps, Charles Pasqua suspectera Jacques Chirac d'avoir armé le bras de ce « Shadock des Carpates ». « Chirac ne s'en est pas mêlé jusqu'à ce que je sois élu », proteste Nicolas Sarkozy. Mais il est clair que, dans l'esprit de Charles Pasqua, le doute n'a jamais été définitivement balayé.

Quoi qu'il en soit, pendant deux ans, Nicolas Sarkozy ne pourra plus participer à aucune réunion RPR dans les Hauts-de-Seine. Pour les élections législatives de 1986, au scrutin de liste et à la proportionnelle, le maire de Neuilly paie à nouveau la facture en se voyant rangé en septième position sur une liste de treize noms. Derrière tous les députés sortants et surtout, affront majeur à ses yeux, derrière le nouveau maire de Levallois, Patrick Balkany. Entre 1986 et 1988, Charles Pasqua lui confiera bien au ministère une mission sur l'environnement, les risques majeurs et naturels, mais on verra peu Nicolas Sarkozy, qui préfère s'occuper de faire marcher au pas les jeunes du RPR. Simplement, Charles Pasqua a-t-il voulu se prémunir contre un autre risque majeur : éviter que ce Sarkozy incontrôlable lui fasse d'autres misères pour les cantonales de 1988. N'excluant pas la défaite à l'élection présidentielle, il a déjà en tête, comme il le dit pompeusement, de « renouer avec le suffrage universel » en se présentant dans le canton de Neuilly-Nord, autre chasse gardée de la droite.

Dès lors, tout sera méticuleusement verrouillé. Nicolas Sarkozy se devra de renvoyer l'ascenseur. Les années ont passé. Charles Pasqua n'a jamais voulu se dessaisir de son petit mandat de conseiller municipal de Neuilly, pour signifier qu'il n'a pas tout à fait déserté. Mais le jeune Nicolas, que Charles Pasqua a connu à dix-sept ans, a pris du poids, de l'étoffe, un maroquin, et il est devenu le porte-bidon de « Monsieur » Balladur. Il reste le seul capable d'empêcher son ancien tuteur de dormir sur ses deux oreilles sous sa couette de soie des Hauts-de-Seine. Du coin de l'œil, il regarde déjà ce précieux héritage, en pensant que l'âge au moins finira bien par les départager. En attendant, Nicolas Sarkozy révise ses leçons d'équitation : « Je ne lui laisserai jamais un demi-centimètre de terrain, professe-t-il. Quand vous passez à un mètre cinquante derrière les fesses d'un cheval, il peut vous tuer. A six centimètres, il ne bronche pas. »

N'était donc cette épine Sarkozy, tout serait parfait dans ce « Pasqualand », érigé depuis octobre 1988. Certes, pour en devenir le gérant incontesté, Charles Pasqua dut jouer au plus malin, ce qui fait partie somme toute de sa nature. Echaudé par sa gifle de Neuilly, fort de son aura d'ancien ministre de l'Intérieur, une seule petite voix d'avance dans un vote interne au groupe RPR du conseil général lui permit d'évincer brutalement le président sortant (qui ne voulait pas sortir), Paul Graziani. Jusqu'à ce vote à l'arraché, celui-ci était sûr que son collègue du Sénat ne guignerait point son fauteuil : « Je suis serein, il m'a affirmé lui-même qu'il ne lorgnait pas ma place. » « Charles n'a aucune intention, après son élection, de briguer la présidence, confirmait son porte-voix Jean-Jacques Guillet.

– S'il se porte candidat, il aura donc menti aux électeurs », s'entendait-il rétorquer. Réponse : « S'il se porte candidat, ce sera une grande surprise, y compris pour lui-même. » Ce fut la surprise. Charles Pasqua était pris en flagrant délit de mensonge.

Qu'à cela ne tienne! Comme les grands fauves, il va trouver là sa réserve naturelle et un terrain passablement déblayé. Créé artificiellement en 1964, ce département est déjà économiquement, lorsqu'il en prend les rênes, en bonne santé. Politiquement aussi, l'essentiel a été fait. A sa naissance, ce département était aussi rouge que sa voisine, la Seine-Saint-Denis. Les dernières élections cantonales de mars 1994 ont marqué encore le recul d'une gauche qui ne peut plus qu'assister impuissante aux spectaculaires performances d'une machine Pasqua qui ne manque ni d'huile ni de carburant. A droite, vingt-trois conseillers généraux RPR, treize UDF. En face, huit communistes, sur lesquels Charles Pasqua veille presque avec paternalisme, et un petit miraculé socialiste. Dès lors, Charles Pasqua peut incarner ici à sa façon la « force tranquille ». Faisant marcher efficacement dans le même sens tous les acteurs économiques et sociaux de son fief qui savent ne rien pouvoir refuser à un ancien et futur ministre de l'Intérieur. Bousculant sans vergogne les règles du jeu de la décentralisation Defferre. Ne lésinant pas sur les millions pour passer en force s'il le faut. Pasqua Imperator va jouer les bulldozers, redevenir le chef d'entreprise qu'il était chez Ricard. Voulant s'imposer comme un patron éclairé et attentif, ayant compris enfin, une fois pour toutes, que les mœurs du Midi auraient du mal à s'appliquer dans la région parisienne.

Quand vous pénétrez aujourd'hui dans les Hauts-de-Seine, les balises Decaux sont là, comme à une frontière, pour avertir le passant que Charles Pasqua et son conseil général veillent sur cette riche enclave. Au conseil général et dans ses annexes, le personnel ne manque pas, ce qui a favorisé la constitution d'un solide réseau de militants obligés. La droite du département a appris à se réchauffer avantageusement au soleil du *lider maximo* Charles Pasqua, qui sait dispenser bien des libéralités. Sous la houlette aujourd'hui d'André Santini, le truculent maire d'Issy-les-Moulineaux, l'UDF n'existe que comme camarade d'entraînement de l'équipe Pasqua. Quand André Santini devient maire de cette ville en 1980, il le doit à son parachutage, téléguidé déjà par Charles Pasqua. Et quand il est propulsé patron de l'intéressant Syndicat des eaux d'Ile-de-France, le plus gros syndicat intercommunal de France, M. Santini ne peut guère oublier qui lui a donné le coup de pouce décisif.

Quand on lui fait acte d'allégeance, Charles Pasqua sait fermer les yeux. A Levallois-Perret, cette ville maudite pour lui, le couple Balkany règne aujourd'hui en maître avec la bénédiction de son parrain. Isabelle est vice-présidente du conseil général, chargée de l'important secteur de l'éducation. Patrick, son époux, a pris la mairie en 1983, vengeant l'honneur de son tuteur dont la photo trône en bonne place sur son bureau. Trois ans plus tard, il devenait député. « Patrick, annonçait, quand il fut élu, sa femme qui pense pour deux, ce sera le baron Haussmann. Une ville, c'est commc un Prisunic, ça coûte cher en investissements mais, après, ça doit rapporter. » Et effectivement, en dix ans de temps, le « Prisu Balkany » s'est beaucoup agrandi et les caisses n'ont pas eu le temps de rouiller. Charles Pasqua n'ignore rien de tout cela, mais il laisse faire. N'étant plus, pour cause de cumul, conseiller général, Patrick Balkany aurait dû depuis longtemps aussi laisser la présidence de l'Office départemental de HLM qui intéresse de plus en plus la justice (vingt-sept mille logements, deux cents millions de francs de subventions annuelles). Charles Pasqua n'a jamais cherché à lui trouver un successeur. « Ce Balkany, disent sur place les méchantes langues, ne sait ni lire ni écrire, mais il sait compter. » S'il sait jouer les grands cœurs, Charles Pasqua a aussi besoin de ces petites solutions.

L'argent ne doit pas manquer, car en six ans, Charles Pasqua aura beaucoup entrepris. Il s'est mêlé de tout. Du social : en confiant par exemple six mille chômeurs volontaires à des tuteurs permanents, étudiants ou cadres qui les conseillent dans leurs démarches. En lançant un vaste plan de réhabilitation des quartiers déshérités dont a été chargé l'architecte Roland Castro, qui s'émerveille de n'avoir jamais eu autant de moyens pour travailler. Les plans ont succédé aux plans. Un plan rock pour lutter contre la ségrégation urbaine. Un plan solidarité-sida pour un département quatre fois plus contaminé que la moyenne nationale.

Charles Pasqua s'est mêlé aussi d'éducation. Financement d'études dirigées pour quinze mille élèves des collèges. Plan d'aide à la lecture pour cinq mille cinq cents enfants des écoles primaires. Alors qu'il n'avait cessé, à l'extérieur, de condamner les syndicats d'enseignants qu'il comparait volontiers à l'Armée rouge, Charles Pasqua a tenu à les associer. Leur adhésion s'est faite d'autant plus facilement que le conseil général ne lésina pas sur les tarifs de ces heures supplémentaires. Au total, pour ces deux seules actions reconduites d'année en année, plus de vingt millions de francs par an. Une goutte d'eau dans le budget global de l'action scolaire du département (qui approchait en 1993 le milliard de francs), mais un investissement considérable rapporté au nombre d'élèves touchés, chaque enfant ainsi concerné coûtant environ mille six cents francs au conseil général.

Mais Charles Pasqua a voulu faire plus, en se mêlant aussi de l'enseignement supérieur. Alors que les facultés parisiennes sont archibondées, que, pas loin de ses fenêtres du conseil général, celle de Nanterre, avec ses trente-trois mille étudiants, menace d'exploser, Charles Pasqua dévoile, en janvier 1992, son projet de création de la première université privée de France qu'il entend installer à Courbevoie. Coût annoncé : un milliard cent mille francs. Coût de la scolarité pour les cinq mille étudiants qui pourraient être accueillis dans ses deux filières de sciences et de gestion : trente mille francs par an. Le « Pôle Léonard-de-Vinci », tout de suite rebaptisé « fac Pasqua », va refroidir beaucoup de monde dans les Hauts-de-Seine : les élus, qui ne comprennent pas l'utopie de ce projet allant aujourd'hui à l'encontre du discours d'un ministre de l'Intérieur qui ne cesse de prôner la déconcentration ; les enseignants, qui s'émeuvent de ce projet d'université pour riches ; et les industriels, qui sont vivement invités à participer, sinon à l'investissement du moins au fonctionnement de ce grand chantier pasquaïen, mais qui trouvent un peu trop salée la note de ce mécénat de luxe.

Charles Pasqua s'est pourtant entêté. Les imposants bâtiments de verre et de béton sont sortis de terre. Tout doit être prêt pour la rentrée universi taire de 1995. « A l'échelle du pays, continue de soutenir Charles Pasqua, ce projet n'est qu'une goutte d'eau dans la mer. » Qu'importe alors si tous ces problèmes d'éducation ne relèvent pas de la compétence du conseil général, Charles Pasqua est dans « sa » République.

Et puis, pourrait-il tout aussi bien arguer, qu'est-ce que ce milliard au regard des trente, voire quarante, milliards de francs qu'il accepte de sacrifier pour souder les unes aux autres les trente-six communes de son département ! Un projet aussi gigantesque que le tunnel sous la Manche : quarante-cinq kilomètres souterrains pour entrer dans Paris d'ici à 2015 sans feux rouges du nord au sud. Un réseau baptisé Muse (Maille urbaine souterraine express) qui sera, s'enorgueillit déjà Charles Pasqua, d' « une ampleur inégalée dans le monde ». Mais qui a quand même bien du mal à se concrétiser.

Plans Pasqua, fac Pasqua, réseau Pasqua, plus rien ne manque. Il y a encore une radio « O'FM 92 », des journaux luxueux pour petits et grands ; ne manque plus que la télévision, ce qui ne saurait tarder. Pour épargner la bonne conscience de ses administrés ainsi choyés, 1 % du budget départemental est même consacré à une politique départementale de coopération avec l'Afrique et, depuis peu, avec certains pays de l'Est. La générosité de Charles Pasqua n'a plus de frontières.

Sa politique dans les Hauts-de-Seine n'a pas changé. Simplement, il s'est fait discret sur son train de vie pour tenter d'être plus crédible sur ce dossier de l'aménagement du territoire qu'il a été l'un des premiers, il faut le reconnaître, à considérer comme déterminant pour l'avenir. Edouard Balladur lui-même, dans son *Dictionnaire de la réforme*, ne faisait pas grand cas du sujet et Jacques Chirac, qui veut faire croire que c'est lui personnellement qui a convaincu Charles Pasqua de prendre en charge cette question majeure, est entré sur le tard dans le débat. Pendant des années, le RPR a laissé à l'UDF le soin de gérer ce vaste sujet. Et comme tous ses principaux dirigeants n'étaient pas recrutés ailleurs que dans l'Ile-de-France, le mouvement de Jacques Chirac a trouvé une certaine tranquillité dans cette répartition convenue des tâches et a pu cultiver les dernières fleurs de son jacobinisme.

Parce qu'il était sans doute le premier exposé à la critique de ceux qui lui reprochaient de ne regarder la France qu'au travers de ses lunettes de luxe des Hauts-de-Seine, parce qu'il y voyait sûrement une façon astucieuse de modifier substantiellement son image auprès des élus et plus largement auprès des « socio-professionnels », parce qu'il s'imaginait aussi pouvoir remettre cette grande question de l'aménagement du territoire dans le patrimoine gaulliste et parce que enfin ce thème de la réunification nationale lui semblait le plus efficace pour lutter « contre la conception erronée de la construction européenne », pour toutes ces raisons, Charles Pasqua s'est mis du jour au lendemain à « dénoncer le scénario de l'inacceptable ». L'homme qui avait réellement profité de la décentralisation en dénonçait soudainement les vices. Lui qui avait, dans son département, contrevenu à toutes les règles de fonctionnement réclamait brutalement des éclaircissements. Lui qui avait tellement concentré sur ses terres commença à parler de déconcentration et de péréquation.

On peut clairement situer dans le temps cette grande révolution intellectuelle et politique de Charles Pasqua. Au Sénat, creuset pourtant de toutes les réflexions en la matière, il ne s'était jamais illustré sur ces sujets par son zèle et une passion immense. Son énergie, il la dépensait à défendre inlassablement le principe d'autonomie des collectivités locales qu'il jugeait entamé par l'Etat socialiste. Quand, à l'été 1990, le gouvernement Rocard envisagea le principe d'une péréquation fiscale entre les collectivités locales riches et les pauvres, il fut l'un des premiers à s'insurger contre cette « mauvaise idée ».

Deux ans plus tard, le discours du sénateur Pasqua avait changé de fond en comble. Sa prise de position contre Maastricht et son envie de devenir président du Sénat contribuèrent à lui faire changer son fusil d'épaule. Sa campagne pour le non à Maastricht, a-t-il en effet prétendu, lui a fait prendre conscience du péril dans la « demeure France ». Il s'en est expliqué dans son ouvrage cosigné, en avril 1993, avec Philippe Séguin sous le titre *Demain la France*, avec pour sous-titre « La reconquête du territoire ». « Car c'est bien d'une reconquête qu'il s'agit, écrivait-il. Sans qu'on s'en aperçoive – du moins jusqu'aux résultats du référendum sur Maastricht –, notre pays s'est en effet laissé entraîner dans une véritable dérive qui, à l'instar de celle des continents, éloigne progressivement les collectivités, et donc les Français, les uns des autres. »

Charles Pasqua savait aussi qu'au lendemain de cette campagne sur Maastricht, il ne pourrait prétendre devenir le deuxième personnage de l'Etat s'il ne parvenait pas à convaincre ses collègues sénateurs, lesquels ont gardé les pieds dans la glaise, que l'agonie du monde rural, la désertification des provinces étaient devenues le souci majeur du grand timonier des Hauts-de-Seine. Il n'y parvint pas. Mais Charles Pasqua n'a pas voulu lâcher ce créneau qu'il savait porteur. Réclamer la charge de l'aménagement du territoire dans le gouvernement : il devinait que c'était la voie la plus droite pour prolonger son grand boulevard de Maastricht. Un clip de dix millions de francs fut distribué dans les salles de cinéma pour conclure la grande parade régionale organisée par le ministère de l'Intérieur. On y voyait des immeubles perdre leurs étages, les chemins de fer sortir de terre, un jeune homme se transformer en ange pour découvrir de la tour Eiffel la belle France profonde. Et, sur une douce musique, s'inscrire des paroles prometteuses : « Je veux rêver à tire-d'aile d'une France plus belle, imaginer tous les possibles, inventer l'impossible. » La tour Eiffel aurait pu être remplacée par l'Arche de la Défense. L'ange aurait pu avoir les traits de Charles Pasqua. Quant à « inventer l'impossible », il est patent que l'émir repenti des Hauts-de-Seine y aura mis un certain acharnement.

IV

AUX MARCHES DU PALAIS

Quand, à l'automne 1977, Charles Pasqua foule pour la première fois la profonde moquette du Sénat, c'est un jeune hooligan faisant irruption dans un club anglais. Les vieux lords qui sirotent ici paisiblement le cocktail sucré des honneurs et des combats d'antan n'ont qu'une crainte : que ce petit jeune homme de cinquante ans tout rond qu'ils voient débarquer dans ses costumes rayés et ses chaussures Bata ne vienne perturber leur si aimable compagnie, renverser les cartes et provoquer les serveurs. Ils se flattent de jouer au bridge, et voilà, pensent-ils, qu'on leur expédie un joueur de belote, voire un de ces joueurs de boules nombreux à traîner dans les jardins attenants du Luxembourg.

Car dans ce palais de la Médicis redoré avantageusement par les républiques, tapissé de courtoisie surannée et de sagesse feinte, il est des convenances à respecter, et la seule présence de ce banlieusard des Hauts-de-Seine semble déjà être un manquement au règlement intérieur. Le Sénat est un cimetière aux éléphants où, en se donnant à tour de manches du président par-ci, du président par-là, chacun vient, pour un ultime jeu de rôle convenu, picorer les dernières graines d'illusion et de notoriété. Dans ce cimetière-là, l'éléphant Pasqua survient comme dans un magasin de porcelaine. Son passé de gars louche, de Marseillais aux petites combines, d'ancien vendeur d'apéritifs continue de lui coller à la peau. Messieurs les sénateurs, qui n'apprécient que les grands crus, font la fine bouche. Et puis, en cet automne 1977, l'impétrant Pasqua ne peut même plus invoquer l'onction du suffrage universel. Il n'est plus rien. « Le roi du trampoline », comme il aimait alors s'appeler, est sans ressorts. Il n'est plus député. Il n'est plus conseiller général. Les électeurs de Levallois, un an plus tôt, l'ont renvoyé dans les cordes. De tous les présidents de conseils généraux sortants de la majorité, il est le seul à avoir subi un tel KO. Le genre de détail qu'on n'oublie pas au Sénat.

Charles Pasqua n'est plus rien, sinon le petit chef de la nouvelle patrouille de France lancée dans le ciel giscardien par ce casse-cou de Chirac. Un décollage en trombe. Départ de Matignon, lancement du RPR, parachutage sur l'Hôtel de Ville de Paris, la patrouille vole et se venge. Non seulement les sénateurs doivent accueillir un gars au parcours tortueux, un battu du suffrage universel, mais en plus un apparatchik chiraquien qui, de surcroît, n'hésite pas à se prétendre gaulliste. Cela frise carrément l'indécence. Car, à cette époque, le Sénat est une assemblée aux ordres, centriste, giscardophile et barriste, qui, toujours à célébrer son combat historique contre un de Gaulle qui, huit ans plus tôt, s'était mis en tête de le révolutionner, croque du gaullisme à belles dents. Bref, être sénateur RPR en ce milieu de règne giscardien n'est point une sinécure. A moins de se trouver réellement dans le besoin ou d'être mû par une véritable propension au masochisme, c'est même un sacerdoce. Ses membres intrépides n'étant d'ailleurs pas plus nombreux, le petit groupe RPR vit en quarantaine, subissant la rancœur des honorables collègues et les vexations d'une administration qui, en ce palais d'élus dormants, fait la pluie et le beau temps.

Comme il n'est pas masochiste, c'est donc parce qu'il est alors dans le besoin que Charles Pasqua finit par accepter ce mandat de sénateur RPR des Hauts-de-Seine en mission expiatoire dans une haute assemblée bassement centriste. Car si l'on est gaulliste, on n'en est pas moins homme : il faut bien vivre. Neuf ans de mandats sans risque, sans dissolution, sans élections, cela vaut bien quelques sacrifices. Pour le coup, il met un mouchoir blanc sur ses principes gaullistes. En 1969, il avait applaudi à la décision du Général de rénover ce Sénat, de faire entrer dans cette assemblée alourdie par le poids de la tradition le vent d'air frais de ce qu'on n'appelait pas encore la « société civile », par le biais du Conseil économique et social. Il aurait pu tout aussi bien en vouloir à ce Sénat d'avoir contribué directement, par une espèce de rébellion corporatiste, à la chute du seul homme qui, à l'entendre, lui en ait imposé en politique. Mais Charles Pasqua va oublier tout cela pour ne songer qu'à sa carrière qui se trouve alors fort mal en point.

Son ticket d'entrée au palais du Luxembourg, il le doit aux services rendus à Jacques Chirac et à l'obligeance d'un ancien ministre du Général, compagnon de la Libération, Michel Maurice-Bokanowski, qui lui offre, aux élections sénatoriales dans les Hauts-de-Seine de septembre 1977, la deuxième place derrière lui. La stricte observance des règles sénatoriales non écrites veut qu'un premier mandat impose apprentissage tranquille, honneur et préséance aux anciens. Parce qu'il sait qu'il a plus que d'autres à se faire pardonner, le nouveau sénateur Pasqua, qui n'est qu'un gamin dans cette assemblée du troisième âge, va surtout briller au début de ce premier mandat par sa discrétion. Tout occupé à faire fonctionner la nouvelle machine RPR, à préparer la candidature de Jacques Chirac à l'élection présidentielle de 1981, il va occuper cette seconde chambre comme un convalescent du suffrage universel. Se fondre avec la plus extrême modestie dans cette masse hostile pour en disséquer tous les secrets et toutes les faiblesses.

Une nouvelle fois, comme dans sa conquête de la place forte des Hauts-de-Seine, Charles Pasqua va se donner du temps pour faire oublier son passé, changer sa carte de visite, amadouer, séduire, et finalement conquérir, bétonner et s'imposer. Ses biographies ne s'étendent guère sur ses quatre années d'immersion sénatoriale entre l'automne 1977 et le printemps 1981. Charles Pasqua est entré au Sénat par la petite porte. Ses faits d'armes au champ d'honneur de la République ne commencent officiellement qu'en octobre 1981, quand, sur l'autre berge de la Seine, François Mitterrand est à l'Elysée et qu'à l'Assemblée nationale la vague rose a inondé l'hémicycle. « C'est du palais du Luxembourg, a-t-il écrit, que j'ai vu déferler cette vague rose sur la France. J'ai repris aussitôt le combat. Cette nouvelle alerte n'était pas moins redoutable que les précédentes. »

A partir de ce moment, Charles Pasqua va commencer à se cimenter un nouveau socle, à remonter lentement mais sûrement la pente de l'honorabilité, à apprivoiser avec patience toutes les vieilles gloires du Sénat pour tenter de leur redonner l'appétit du combat et de la chasse aux socialo-marxistes.

Jacques Chirac est à terre. Le RPR est enfoncé. La droite est dans les choux. Charles Pasqua cherche comme beaucoup la corde de rappel. Il n'a pas besoin de se faire de dessin pour comprendre rapidement qu'être sénateur devient un privilège et, qu'en y mettant les moyens, ce Sénat ronflant peut retrouver lustre et utilité face à l'oppresseur socialiste. Pour changer le Sénat, Charles Pasqua va donc commencer par se changer lui-même. Il laisse au garage ses grandes CX blindées, ses gardes du corps inquiétants, ses collaborateurs suspects. Change sa garde-robe. Châtie son langage. Corrige son humour. Achète le « Que sais-je ? » du savoir-vivre au Sénat.

Cette grande entreprise de séduction, il l'expérimente d'abord au sein de son propre groupe auquel personne, sauf lui, ne s'intéresse. Certes, il n'y manque pas d'anciennes éminences du gaullisme, mais cela ressemble plus à un petit club de préretraités de luxe. Auprès d'eux aussi, Charles Pasqua doit multiplier bons mots, louanges, petites attentions et invitations pour se faire accepter. Certains renâclent, comme l'ancien Premier ministre Maurice Couve de Murville qui n'arrive pas à se défaire d'une certaine idée de la politique. L'ancien diplomate du Général regarde de haut les efforts de l'ancien responsable du SAC. L'humour du Midi se fracasse parfois sur l'humour froid du protestant. « C'est curieux, glisse, un jour d'exceptionnelle hilarité, Couve à un de ses collègues. Quand je vois Pasqua, je lui dis : bonjour, cher ami ! Je crois qu'il comprend l'ironie. Eh bien, pas du tout ! »

Charles Pasqua laisse dire, mais il agit. Pour s'imposer, il invoque sans cesse les consignes secrètes de « Jacques », promet à son groupe des moyens modernes et performants pour travailler. Son premier but est atteint : le 13 octobre 1981, tout est prêt, il peut se faire propulser à la présidence de ce groupe RPR, en lieu et place du transparent Marc Jacquet, invité à se mettre en réserve de la France, du gaullisme et de Chirac. Avec son complice corse

Roger Romani, aussi dévoué que silencieux, Charles Pasqua peut monter sa petite PME parlementaire. Minitel, table ouverte partout pour les collègues de province et, à partir de janvier 1983, nomination au poste de secrétaire général du groupe d'un ancien lieutenant respectable et éclairé de Jérôme Monod, ancien secrétaire général du RPR devenu patron influent de la Lyonnaise des eaux, Jean-François Probst. Lui aussi aura l'honneur un jour d'être promu au rang de « fils spirituel de Charles », jusqu'à ce qu'en janvier 1992 il soit à son tour englouti par le retour de l'entourage « naturel ».

En attendant, le trio Pasqua-Probst-Romani va faire des ravages. En une décennie, les effectifs du groupe gaulliste vont doubler : quarante-six sénateurs en 1980, quatre-vingt-onze en 1989. Charles Pasqua imprime son rythme, lui devant et tous derrière. Les moyens ne manquent pas. « Jean-François, qu'est-ce qu'on pourrait faire pour distraire nos sénateurs ? » demande souvent Charles. Et on innove. Tout le monde a gardé un souvenir impérissable de ce grand équipage sénatorial partant en septembre 1985 sur les traces du Général en Irlande. Charles Pasqua présidant les dîners en smoking. De l'avis général, ce fut réellement à compter de cette balade irlandaise qu'il fit passer auprès de ses amis le sentiment définitif qu'il était aussi capable de se montrer distingué.

Gant chic, mais bras de fer. Charles Pasqua s'impose et dispose. « On est passé d'un groupe RPR tranquille, tendance IIIe République, à un mouvement RPR actif, voire activiste », note un de ses sénateurs. Progressivement, ce groupe va devenir « son instrument », son fortin que Jacques Chirac ou tout autre dignitaire du RPR sont invités à venir visiter le moins souvent possible. Charles Pasqua fait la loi et ses lois. Derrière la façade des amabilités va se mettre en place un nouveau système où la contestation est peu prisée et le débat démocratique un luxe. Plus jamais, à partir de 1981, l'élection du président du groupe ne sera soumise au vote secret. Quand, en 1986, Charles Pasqua doit une première fois s'installer place Beauvau, l'intérim est confié, sans qu'aucun débat n'ait lieu, à Roger Romani, ce qui permet au nouveau ministre de l'Intérieur de veiller ainsi de près sur ses ouailles. Les récalcitrants sont mis sur écoute et vont pleurer dans le gilet de Jacques Chirac, lequel n'en peut mais.

Charles Pasqua, de ce point de vue, ne va pas s'embarrasser de détails, d'autant qu'il s'agit aussi pour lui de s'affirmer chez les voisins de la majorité sénatoriale, et particulièrement les plus influents, les centristes. Il doit s'y consacrer d'autant plus, prendre d'autant plus sur lui que ces centristes, il ne les a jamais aimés. Du mot de son ami Pierre Juillet, il a fait son dogme : « Quiconque se fie à la parole des centristes, affirmait l'ancien conseiller de Pompidou, peut tenir sur l'herbe des mares. » D'une façon pour le moins aussi imagée, Charles Pasqua a toujours soutenu que « les culs-bénis, il faut les rougir deux fois ! » Il va donc mettre les bouchées doubles. Toujours sans complexe, ses grandes manœuvres de séduction vont prendre pour cible le premier des centristes du Sénat, le président de cette assemblée, l'ancien opposant au référendum gaulliste de 1969, l'ancien adversaire de Georges Pompidou, Alain Poher.

Une nouvelle fois, Charles Pasqua va ranger ses souvenirs, faire table rase du passé pour tenter de s'attirer les bonnes grâces du père tranquille du Sénat qui ne peut être que partagé à son égard. Certes, en tant qu'ancien résistant, celui-ci sait apprécier l'action du jeune Pasqua durant la guerre. En revanche, son passage au SAC lui est moins facile à digérer. Président par intérim en 1969, candidat face à Georges Pompidou, Alain Poher ne peut pas avoir oublié qu'il a jadis multiplié les dénonciations contre cette organisation souterraine. « Qui est responsable des polices parallèles, financées par des ressources inavouées? s'était-il interrogé un soir à la télévision. Qui a donné des cartes de policier à des truands et qui paie tous ces gens de sac et de corde? »

Bien que ses amis multiplient auprès de lui les appels à la prudence, Alain Poher va progressivement flancher devant ce sénateur turbulent, mais qui fait enfin parler du Sénat. Qui lui répète chaque semaine qu'il n'entend précisément agir que pour le bien et le respect de la majorité sénatoriale et qui le convainc que promis, juré, jamais, lui Charles Pasqua, ne mettra à mal son autorité, son expérience de président de la noble assemblée. La fable du corbeau et du renard de La Fontaine se joue dans ce décor feutré, sous la dictée du plus proche conseiller d'Alain Poher, Pierre Bordry, véritable maître du palais, qui en sera plus tard récompensé – par une promotion inattendue au Conseil d'Etat signée en 1988 par le ministre de l'Intérieur Charles Pasqua et, cinq ans plus tard, par une entrée remarquée, place Beauvau, au cabinet du nouveau ministre d'Etat.

Ayant de la sorte circonscrit la place et circonvenu les hommes, Charles Pasqua commence à disposer des moyens de s'affirmer dans le rôle de premier opposant au pouvoir socialiste, de sénateur musclé et solidement de droite. Peu habitués à des pratiques et des emportements qui contreviennent, selon eux, à la réputation de sagesse et de réflexion de leur enceinte, beaucoup de sénateurs vivront parfois mal cette agitation pasquaïenne, ce jusqu'au-boutisme permanent. Certains prétendront qu'il en fait trop. Lui, jusqu'à l'alternance de 1986, n'en aura jamais assez. D'autres préféreraient que leur assemblée s'en tienne à un rôle technique. Charles Pasqua n'a que faire d'une chambre d'enregistrement, il recherche de l'écho, un grand rôle, une stature. Il ne se sent pas l'âme d'un préretraité de la République. Il faut combattre, résister, dénoncer, secouer. Avec lui, le train de sénateur va sortir du tunnel. Il a compris aussi, face à la menace Le Pen qui commence à poindre à l'horizon de l'élection partielle, qu'il s'agit d'occuper tout le terrain de la contestation. Il pense d'ailleurs sa stratégie reconnue en haut lieu, quand tout à la fois Giscard assigne au Sénat la mission de préparer la prochaine alternance, Raymond Barre invite les sénateurs centristes « à ne pas se laisser faire » et Jacques Chirac félicite ceux du RPR pour leur action.

Le « commando Pasqua » va donc y aller de bon cœur. 1984 sera au Sénat l'année Pasqua. Son premier fait d'armes parlementaire, c'est quand il sonne, en février de cette année-là, la charge contre le projet de loi du gouvernement Mauroy « tendant à garantir le pluralisme de la presse, à assurer la transparence financière des entreprises de presse et à favoriser leur développement ». Les socialistes n'en font pas mystère : il s'agit d'une torpille lancée en direction du groupe Hersant. Avec ce groupe, Charles Pasqua a toujours eu plus que des accointances, au travers de ses relations avec l'ex-bras droit de Hersant, aujourd'hui disparu, l'ancien député RPR de la Somme, Jean Audinot. Depuis longtemps, Charles Pasqua, qui sait le poids des mots et le choc des photos, s'intéresse aux problèmes de presse. L'une de ses interventions en tant que député de l'Assemblée fut pour condamner le libéralisme, trop avancé selon lui, instillé par le gouvernement Chaban-Delmas dans la grande maison de l'ORTF, sous la conduite du « révolutionnaire » Pierre Desgraupes. En novembre 1969, il tonne à la tribune : « C'est la première fois qu'on voit engager des pyromanes dans une entreprise de produits inflammables. Il faut maintenant que le gouvernement nous dise la politique qu'il entend mener : celle de la défense de l'Etat ou la politique d'abandon et d'abdication que l'on commence à pratiquer à l'ORTF. » A ce moment-là, Charles Pasqua ne se posait pas de questions : l'information à la télévision devait être aux ordres.

Vérité pour la droite, erreur pour la gauche. Sans s'embarrasser de ce genre de souvenirs, Charles Pasqua part en guerre contre le monopole socialiste sur la presse. Quand, en débarquant au Sénat, il s'était inscrit à la commission des affaires culturelles, beaucoup avaient cru à une plaisanterie. En réalité, Charles Pasqua avait déjà pris au sérieux sa croisade pour ce qu'il appelait « une information sans chaînes ». Président de la commission spéciale chargée d'examiner le projet socialiste sur la presse, il fait modifier de fond en comble ce projet que les députés ne vont plus reconnaître et fait saisir le Conseil constitutionnel. « Le moment, plaide-t-il, est venu d'abolir tous ces monopoles et privilèges étatiques hérités d'un autre âge pour assurer enfin la liberté de la communication. Il s'agit, d'une façon générale, de rendre les médias à leur vocation d'information en empêchant qu'ils ne se transforment en instruments de pouvoir. » Le Conseil constitutionnel finira par vider le projet socialiste de sa substance première. Charles Pasqua peut bomber le torse. Les grands principes ont été brandis, mais, en fait, ce sont les petits intérêts de M. Hersant qui ont été sauvegardés.

Pour la droite sénatoriale, le support du *Figaro* ne pouvait être dédaigné. Contrat rempli. Ce groupe de presse saura dans l'avenir épouser toutes les causes de Charles Pasqua, relayer utilement ses combats et vanter sans retenue son gouvernement dans les Hauts-de-Seine.

L'autre grande action de Charles Pasqua sur l'échiquier de la droite aura lieu l'été de la même année 1984, dans la bagarre mémorable avec François Mitterrand sur l'enseignement privé, qui sera l'un des tournants majeurs de son premier septennat. Un Premier ministre, Pierre Mauroy, et un ministre de l'Education, Alain Savary, sur le carreau. Un nouveau gouvernement avec Laurent Fabius mais sans les communistes. L'impossibilité, comme on l'a vu pour la révision de la loi Falloux, de modifier quoi que ce soit. Cette « guerre scolaire » devait finalement laisser beaucoup de mines derrière elle. On ne le sut qu'après coup, mais force est de constater que Charles Pasqua sut une nouvelle fois sentir le vent.

« Les socialistes, s'épanchait-il dès avril 1984, sont en train de faire une monstrueuse couillonnade. Ils sont en train de se mettre tout le monde à dos et, si ça continue, il ne sera même pas nécessaire que nous insistions beaucoup pour que les citoyens proches de l'opposition, mais aussi les autres, descendent dans la rue. » Mais, une fois encore, Charles Pasqua joue les innocents. Pour défendre les intérêts de l'école privée, il met en avant avec astuce les grands idéaux de l'école laïque. Après le prétendu monopole socialiste sur l'information, il dénonce le monopole socialiste sur l'enseignement français, en des termes qui prêtent à rire aujourd'hui. « L'école socialiste tend à réduire toutes les personnalités au même dénominateur. Elle s'apparente à ces établissements agro-alimentaires qui fournissent des pommes et des œufs calibrés. Mozart, élève d'une de nos écoles, aurait vraisemblablement fini boulanger. »

En tout cas, il va mettre la main à la pâte catholique pour faire lever la colère des parents du privé. Il finance discrètement l'organisation des manifestations, crée sans tarder une Union nationale des cercles Jules Ferry, dont la présidence est laissée à l'ancien grand maître de la Grande Loge de France, Richard Dupuy, pour faire pièce à l'influence du Grand Orient. A l'extérieur du Sénat, Charles Pasqua ne manque pas d'idées. A l'intérieur non plus !

Après son passage au Palais-Bourbon, le « projet de loi relatif aux rapports entre l'Etat, les communes, les départements, les régions et les établissements d'enseignement privé » arrive au Sénat en juin. Après son entrevue avec François Mitterrand au lendemain de la grande manifestation du 18 juin à Paris, Alain Poher est pessimiste quant aux chances de conciliation. Il était venu pour réclamer une dernière fois le retrait du texte, il se fait donner une leçon d'histoire. « Vous avez fait tomber un président, vous n'en ferez pas tomber deux », le coupe le président de la République, faisant évidemment allusion au référendum de 1969 et au départ de De Gaulle. On est dans l'impasse. C'est le moment que choisit Charles Pasqua pour souffler à Alain Poher une idée qui lui a été à lui-même soufflée par son fidèle Jean-François Probst. Une idée qui consiste simplement à dépoussiérer l'article 67 du règlement du Sénat que tout le monde avait fini par oublier et qui permet de livrer à la délibération du Sénat une motion « tendant à proposer au président de la République de soumettre au référendum » ledit projet, en application de l'article 11 de la Constitution.

Le vote du Sénat ne faisant aucun doute, la parade est imparable. Le 12 juillet, François Mitterrand semble abdiquer en annonçant à la télévision l'abandon du projet Savary, mais la partie de cache-cache constitutionnelle ne se terminera pas là. L'Elysée propose un référendum non pas sur le texte, mais sur la notion même de référendum. Un référendum sur le référendum : les Français n'y comprennent plus rien. Les constitutionnalistes, eux, s'arrachent les cheveux. Comme ultime recours, Alain Poher propose la convocation du Congrès. Le chef de l'Etat réclame un plébiscite ! Le Sénat entend bien le lui refuser et Alain Poher, en remerciement, propose à Charles Pasqua de le signifier. Cet été 1984 sera l'été le plus chaud du palais du Luxembourg. Les journalistes retrouvent le chemin de cette assemblée et les sénateurs une nouvelle jeunesse. Le projet est enterré le 7 août. Charles Pasqua a cette fois gagné sur tous les tableaux. Il est l'homme qui a coincé François Mitterrand, celui qui a su joindre le geste à la parole pour la défense de l'école privée, celui encore qui a su rehausser le prestige du Sénat. Pas surprenant qu'à partir de cet été-là l'idée de succéder un jour à ce brave Alain Poher commence à lui trotter sérieusement dans la tête.

Charles Pasqua a toujours beaucoup rêvé. A la fin de cette même année 1984 ne songe-t-il pas aussi qu'il pourrait faire un bon ministre des Affaires étrangères ? C'est le dossier calédonien qui, cette fois, le transporte vers d'autres ambitions. Au cours de l'hiver 1984-1985, ce territoire lointain du Pacifique, qu'en métropole on avait bien du mal à situer sur une mappemonde, chavire sous la colère canaque. Sur place, à Nouméa, Edgard Pisani tente laborieusement de concocter un plan d'apaisement. A Paris, on nage en pleine psychose, faute d'une juste appréhension de la situation sur le terrain. Comme la plupart, Charles Pasqua n'a jamais jusque-là mis les pieds sur la « grande terre ». Alors les idées simplistes prolifèrent. Son sang corse ne fait qu'un tour. Les événements d'Algérie prennent un nouveau sens et on se souvient entre compagnons et avec nostalgie des confettis de l'empire. Sur sa lancée, Charles Pasqua imagine qu'il y a là possibilité de réussir la passe de trois : l'information, l'école et maintenant la défense de l'intégrité du territoire national. C'est parfait !

Sus donc à ce pouvoir socialiste qui veut brader l'indépendance de ces terres privilégiées ! Le discours sur la grandeur de la France fera toujours bel effet. Avec en ligne de mire la campagne des cantonales de mars 1985, Charles Pasqua se propose d'instruire, sans lésiner sur les arguments, le procès pour « non-assistance à territoire en danger ». En décembre 1984, du haut de la tribune du Sénat, devant un hémicycle stupéfait, il menace de réclamer la comparution de François Mitterrand devant la Haute Cour de justice pour haute trahison. Il accorde son soutien logistique et financier aux caldoches poussés par le RPR à ne point mollir. En février 1985, Charles Pasqua se rend à Nouméa, un mois après François Mitterrand, sous couvert de la commission des affaires culturelles du Sénat. C'est le grand jeu. La place des cocotiers devient son forum d'Alger. Ne manque plus que le képi et le « je vous ai compris ». Charles Pasqua, grisé par tant d'enthousiasme, trouve la formule choc : « La défense de Bastia commence à Nouméa. »

Les braises sont activées. A Paris, en province, Charles Pasqua peut commencer son show, avec sur scène le seul sénateur canaque étiqueté RPR qui ait jamais existé sur ce territoire, le canaque de service pour toutes les mauvaises causes caldoches, le gentil Dick Ukeiwé, qui va être la marionnette innocente d'une mise en scène parfaite. Charles Pasqua tire les ficelles. Avec Dick Ukeiwé, il a trouvé son « Oncle Ben's » qui, à défaut de vendre du riz, sait pleurer pratiquement sur commande. L'équipe Pasqua le prend en charge, lui trouve une petite maison à Voisins-le-Bretonneux dans les Yvelines, le transporte en Concorde la veille de Noël 1984 pour aller plaider sa cause, ou plutôt celle de la droite française, devant l'ONU à New York. Devenu vedette internationale, il est transbahuté à travers toute la France pour lire docilement des discours préparés d'avance par les « Pasqua boys ». C'est un plein succès. Ce tour de France émeut à souhait. Son discours est affiché dans les mairies. Mesdames et messieurs, entendez la voix et la complainte de « ceux qui sont les continuateurs des Français libres qui rallièrent de Gaulle en 1940 et versèrent leur sang sur les champs de bataille ». En leur nom encore, Charles Pasqua réclame au chef de l'Etat un « authentique référendum » posant à tous les Calédoniens la question : Voulez-vous être français, oui ou non ?

Beaucoup d'esbroufe, beaucoup d'argent jeté par les fenêtres. Les élections cantonales de 1985 s'en ressentiront finalement peu. Quelques années plus tard, les accords de Matignon signés sous l'impulsion du gouvernement Rocard ont montré, *a posteriori,* que ces accents guerriers lancés par Charles Pasqua étaient d'une folle irresponsabilité. Depuis aussi, Dick Ukeiwé a été jeté par le RPR comme une vieille chaussette. Mais là encore, l'essentiel avait été fait : faire connaître Charles Pasqua par-delà les frontières, lui permettre un tour de France à bon compte et l'imposer définitivement, comme le proclamait la une du *Figaro Magazine,* comme « l'homme qui mène le Sénat à l'abordage ».

Durant ses deux premières années place Beauvau, de 1986 à 1988, Charles Pasqua fera attention à ne pas dilapider un si précieux pécule sénatorial. Président par intérim désigné, Roger Romani veille et rend compte. Jean-François Probst continue aussi de faire marcher la boutique si bien que, lorsqu'il revient, après la réélection de François Mitterrand, reprendre son fauteuil au Sénat et récupérer la présidence du groupe, chacun a le sentiment qu'il n'est jamais parti.

La seule question qui anime alors les couloirs ocre de la grande maison est celle-ci : va-t-il profiter de son nouvel habit d'ancien ministre de l'Intérieur pour postuler à la présidence du Sénat? En septembre 1992, des élections sénatoriales viennent d'avoir lieu. Le groupe RPR a le vent en poupe. Le mandat d'Alain Poher va être à renouveler. Malgré le poids des ans, celui-ci se trouve bien là où il est, mais, de plus en plus ouvertement, ses amis centristes déplorent cette atmosphère de fin de règne. Une présidence fantôme réduite dans le quotidien à la surveillance générale de son directeur de cabinet, Pierre Bordry. Sachant qu'au nom de l'ouverture rocardienne, en vogue au début de ce second septennat Mitterrand, centristes et socialistes sont prêts à s'accorder pour lui trouver un successeur et faire barrage à sa candidature, Charles Pasqua décide de bloquer le jeu en optant pour un renouvellement de bail de trois ans d'Alain Poher. « Je préfère un Poher vieillissant à un centriste mou », finit-il par concéder.

Il décide donc, au grand dam d'une partie de ses propres troupes, de maintenir sous tente à oxygène ce président fatigué, quitte à ternir durablement l'image du Sénat. Mais Charles Pasqua sait déjà qu'avec un Pierre Bordry qui lui mange dans la main, il a, lui, un pied dans la place. Avant tout le monde, il est prévenu de toutes les initiatives qui peuvent fleurir ici et là. Certains de ses collaborateurs, tel le juge Marsaud, sont inscrits sur les effectifs de la présidence. La stratégie devient transparente, trop peut-être : il apparaît clairement que Charles Pasqua n'a passé son tour en 1989 que pour mieux préparer la succession de 1993. Devenir le deuxième personnage de l'Etat, accroître les chances d'un possible intérim à l'aube de ce second septennat et, qui sait, réussir là où ce gentil M. Poher a échoué lors de l'élection présidentielle de 69. Comment résister à un tel scénario?

Pendant trois ans, Charles Pasqua va s'efforcer de renforcer encore ses chances. Son passé? Il est enterré. Son brevet d'opposant, il l'a acquis en 1984. Son diplôme d'homme de gouvernement, il l'a imposé, pense-t-il, au bout de deux ans d'une périlleuse cohabitation. Qui pourra demain l'arrêter? « Pour être élu président, il faut réussir la combinaison entre francs-maçons et catho-démocrates », lui a confié son ami de moins de dix ans celui-là, Michel Poniatowski, comme lui ancien ministre de l'Intérieur et bonapartiste convaincu. Tous deux en ont eu assez de servir, l'un Giscard, l'autre Chirac. « Il méprise Chirac autant que moi, ce qui va assez loin », confie le nouvel ami. Tous deux partagent le secret d'innombrables coups bas. Cet appariement terrible a fonctionné dans la campagne du non à Maastricht, et le prince s'est mis au service du manant pour lui rallier ce qui reste au Sénat de républicains indépendants. Un moment, Charles Pasqua a même pu espérer obtenir le soutien tactique de Giscard, qui aurait pu avoir plaisir à imaginer la tête de Jacques Chirac face à « monsieur le président Pasqua ».

Mais cet espoir-là ne durera qu'une session. Les francs-maçons se trouvent à foison sous les lambris du Sénat, et Charles Pasqua disposait dans son entourage de suffisamment d'entre eux pour en séduire un sérieux bataillon. Quant aux catho-démocrates, pour reprendre la distinction de Michel Poniatowski, Charles Pasqua a toujours su qu'ils représentaient pour lui un écueil sérieux; qu'il comptait en leur sein des ennemis sinon déclarés, du moins historiques. « Faudrait que tu apprennes quand même à parler français », lui suggéra un jour tout de go et en public Jean Lecanuet, qui était de ceux-là. S'il ne pouvait se permettre la même remarque, René Monory n'a jamais non plus été pris d'une tendresse folle à son endroit. D'un milieu modeste tous deux, ayant dû tirer pas mal de bords avant de pouvoir naviguer dans les hautes eaux de la République, ces deux hommes auraient pu sympathiser. Mais ils n'ont visiblement pas le même tempérament et, au Sénat, il n'y a pas place pour deux dans le rôle du sénateur parti de rien pour arriver à tout.

Tous deux pourtant ont siégé dans le même gouvernement de cohabitation de Jacques Chirac. L'ancien garagiste de Loudun est même l'un des rares centristes à s'être garé sans se cacher derrière le convoi Chirac pour l'élection présidentielle de 1988. Mais cette équipée commune a laissé des traces chez l'un et chez l'autre. En décembre 1987, en plein conflit avec les étudiants, René Monory, ministre de l'Education, a sacrifié son ministre des Universités Alain Devaquet, refusant d'annoncer le retrait d'un projet de réforme qui avait mis le feu aux poudres dans les facultés. Charles Pasqua militait pour ce retrait. René Monory n'en voulait pas. Jacques Chirac ne s'y résoudra que le lundi 8 décembre. Entre-temps, dans la nuit du 6 au 7, il y aura eu un mort, un jeune beur de vingt-deux ans, Malik Oussekine, tabassé dans une petite rue de Paris par des policiers motocyclistes.

Charles Pasqua devra assumer, mais il n'oubliera jamais que, si René Monory ne s'était pas entêté et l'avait écouté, il n'aurait pas eu la mort d'un jeune étudiant tranquille sur la conscience. Revenus tous deux au Sénat, les deux hommes s'affronteront cette fois ouvertement au cours d'une séance épique qui durera toute une nuit, le 20 décembre 1988, à propos d'une demande d'une commission d'enquête exigée par Charles Pasqua et son groupe RPR sur le capital de la Société Générale qui, les mois précédents, avait fait l'objet de mouvements divers, notamment du côté de la Caisse des dépôts. Cette affaire avait défrayé, si l'on peut dire, la chronique financière et boursière. Les socialistes ne voulaient à aucun prix de cette commission d'enquête et cherchèrent du renfort chez les centristes. Songeant à son avenir, René Monory accepta de se dévouer pour enterrer l'initiative de son « ami » Pasqua. Dénonçant la manœuvre politique, il mobilisa son groupe pour faire voter un renvoi de la commission des finances qui n'aurait pas dû, selon lui, être aussi hâtivement dessaisie.

Charles Pasqua s'y opposa, suspectant René Monory de vouloir faire plaisir au gouvernement de Pierre Bérégovoy. « Si cela ne mérite pas une enquête, protesta Charles Pasqua, s'il n'est pas cohérent de notre part de chercher à savoir quels sont les fonds qui sont utilisés, d'où ils provenaient, sur instruction de qui cette opération a été menée, je me demande vraiment à quoi nous servons ! » Les échanges entre les deux hommes furent aigres. Finalement, cette commission d'enquête vit le jour. Marquage de territoire, lutte de préséance, soupçons répandus. Au petit matin, tancé dans les couloirs par des sénateurs socialistes lui reprochant le manquement à la parole secrètement donnée, René Monory ne cacha pas son courroux et sa rancune : « Ce type ne sera jamais président. Tout sauf lui. » La guerre entre les deux hommes était cette fois bien déclarée.

Malgré tous ses efforts, Charles Pasqua est donc fixé : il ne pourra guère compter sur beaucoup de défections dans ce groupe centriste sur la défensive. Il veut encore miser sur les divisions UDF. « Ces centristes ne sont quand même pas des tontons macoutes », ironise-t-il. Calcul qui paraîtra longtemps réaliste. Mais, en se lançant au cours de l'été 1992 dans une campagne pour le non à Maastricht, il agitait le chiffon rouge devant l'UDF forcée par Giscard, et pour ne point sombrer définitivement dans le ridicule, de réagir à cette provocation. L'idée finit par prévaloir que décidément, il n'était pas possible de laisser un antieuropéen s'installer sur la plus haute marche de cette assemblée. Quand, le 1er octobre suivant, le départ d'Alain Poher étant officiellement confirmé, Charles Pasqua rend enfin sa candidature implicite tout à fait explicite, il prend sa plume pour exiger de son partenaire « une compétition franche et loyale ». Il espère toujours des défections à son avantage dans le camp voisin. Il se trompe !

Contrairement à ses prévisions, l'annonce de sa candidature, loin de faire éclater l'UDF, resserre ses rangs. Celle-ci, dans une sorte de provocation à celui qui a prôné un tel système pour d'autres échéances, organise en son sein des « primaires » qui vont dégager la candidature unique de René Monory. Dès cet instant, Charles Pasqua ne peut plus nourrir une seule illusion. « Tant pis, lâche-t-il, quand on fait une connerie, il faut aller jusqu'au bout. » Sa « connerie » est sans doute d'avoir sous-estimé le sursaut d'honneur d'une UDF où, un peu comme aux Galeries Lafayette, on trouve de tout. Il en fera une autre en laissant partir en janvier 1992 le précieux Jean-François Probst qui, par son entregent, aurait peut-être réussi à monnayer utilement certains soutiens. Probst parti, surgissent au premier rang certains collaborateurs qui, dans cette maison, continuent d'indisposer. Enfin, Charles Pasqua a compris qu'il paie aussi les traites de son coup de Trafalgar de l'hiver 1990 contre Jacques Chirac et la direction du

RPR. Après la pantalonnade de la réélection d'Alain Poher et le « crime » du début 1990 contre Jacques Chirac, certains sénateurs considèrent que les couleuvres deviennent difficiles à avaler. « Remettre Chirac sur son cheval, soit ! Mais le priver de selle et de rênes, non », commencent à grogner certains sénateurs RPR.

D'autres iront même jusqu'à remettre publiquement en cause les méthodes de gestion de leur groupe. Sourde colère qui sera vite éteinte. Mais le mal est fait. Secrètement, quelques sénateurs vont garder le contact avec Jacques Chirac pour, le moment venu, être opérationnels. Parmi eux, notamment, le sénateur du Rhône René Trégouët, qui a l'avantage de ne pas être connu et d'être le seul à disposer du numéro de fax privé des appartements de Jacques Chirac à l'Hôtel de Ville de Paris. Quand approchera l'élection à la présidence du Sénat, les proches de Charles Pasqua répandront cependant la consigne : « Chirac a donné les ordres. Votez Pasqua. » Les sénateurs rebelles s'empresseront d'aller aux nouvelles. L'un aura alors directement le président du RPR en ligne : « Jacques, je ne comprends pas. Vous n'allez pas faciliter le succès de Pasqua au Sénat !

– Je n'ai jamais envisagé cela, s'entend-il répondre. Au contraire, dites surtout à nos compagnons de ne pas voter pour lui. » La feuille de route dépêchée de l'Hôtel de Ville de Paris était donc nette : Jacques Chirac avait gardé un chien de sa chienne pour Charles Pasqua, redoutait les ravages que celui-ci pouvait faire au sein du mouvement s'il accédait au poste prestigieux de la présidence du Sénat et préférait ne pas devoir envisager, le cas échéant, un intérim à l'Elysée assumé par ses soins.

Avec René Monory, un centriste succéda donc en octobre 1992 à un centriste. « Le nouveau président du Sénat devra être républicain et européen », avait-il prévenu. Lui avait la prétention de l'être. Son ennemi intime Charles Pasqua sortait de ce long combat à fleuret moucheté touché dans son honneur. Quatorze années à se confectionner un personnage présentable pour se faire coiffer sur le fil par ce « lourdaud » de Monory. Foutu métier! Mais le pire n'était pas là. Cet échec, pouvait-il déjà prévoir, allait le condamner, pour garder son rang, à reprendre du service dans un nouveau gouvernement de cohabitation, mené probablement par Edouard Balladur. Faute de pouvoir être le premier au Sénat, il se voyait déjà condamné à être le second de cet Edouard bon chic bon genre qui n'a jamais été, comme dirait Mauroy, « sa tasse de thé ». De quoi en vouloir pendant longtemps aux centristes de la terre entière!

V

CHIRAC... POUR LE MEILLEUR

Quinze ans ! Ce fut le temps de leur amitié pour le meilleur et pour le pire. Quinze ans, autant dire, au calendrier de la politique, un siècle. De si longues et belles années d'une vie commune sous le baldaquin RPR que rien ni personne ne semblait devoir altérer. Charles vivait pour Jacques et Jacques ne respirait pas sans Charles. Bonheur, quiétude, complicité et petits secrets fournissaient un trousseau envié. A tu et à toi, Charles rêvait de faire de Jacques un président. Jacques tint sa promesse de le faire ministre. Le couple Chirac-Pasqua filait une idylle parfaite et souvent joyeuse qui laissait imaginer de les voir bien vieillir ensemble. « Si je lui demande de creuser dans la nuit un tunnel entre mon domicile du quai de Béthune et Matignon, Chirac trouvera le moyen de le faire. Demain à neuf heures et quart, il sera à la sortie du tunnel, en train de m'attendre. » C'était l'histoire que Pompidou se plaisait à raconter pour vanter le dévouement du jeune « bulldozer » Chirac qui le servait à Matignon. Des années plus tard, Jacques Chirac avait usé de la même image pour renvoyer le compliment à son fidèle Pasqua. « Il n'y a que Toubon et Pasqua, assurait-il, qui sauteraient par la fenêtre si je le leur demandais. » Et le dévoué Charles s'en trouvait fort aise.

En 1985, dans son premier livre, *L'Ardeur nouvelle*, d'une plume plongée dans l'encrier de la passion, Charles Pasqua décrivait sans retenue son ardeur ancienne pour « son » Jacques : « J'aimerais, insistait-il, que tous les Français puissent le voir comme nous le connaissons, chaleureux, ouvert, disponible. Sa solide formation administrative, complétée par son expérience ministérielle, et celles de député de province et de maire de Paris, en font l'homme politique français le plus complet et le plus apte à résoudre les problèmes du pays. C'est pourquoi je l'ai aidé et continuerai de l'aider de toutes mes forces. Un jour, je crois, le gaullisme inspirera à nouveau la conduite des affaires de l'Etat et ce sera grâce à lui. » Pouvait-on concevoir plus solide serment, plus charitable dévotion ?

Pendant toutes ces années, Charles Pasqua fut à Jacques Chirac ce que, dans Pagnol, César était à Marius. Dévoué, prévenant, rassurant, toujours proche dans les difficultés, toujours discret dans les succès. S'occupant de la grande et de la petite intendance au gré de tous les déplacements. « C'est tout juste s'il ne lui achetait pas sa crème à raser », témoigne un de leurs amis communs. Inquiet de tous ses faits et gestes, n'ayant pas son pareil pour le détendre, le rassurer ou le regonfler. « Allez, Charlie, raconte-nous une histoire ! » suppliait Jacques. « Charlie » s'exécutait et c'était l'annonce de quelques grands moments de franche rigolade. Charles Pasqua savait être le conseilleur mais aussi le payeur. L'entremetteur et l'amuseur. Le protecteur et l'éclaireur. « Chirac ne levait pas le petit doigt sans Pasqua », se souvient-on au RPR. C'était « le Toubon du riche », prêt à se vendre corps et âme pour conduire son grand neveu de Paris sous l'Arc de triomphe de la République.

Ce mariage ne s'était bien entendu pas fait du jour au lendemain. Il avait fallu des circonstances. La première campagne législative de 1967 du jeune énarque Chirac sur les terres lointaines de Corrèze avec le SAC de Charles Pasqua comme sponsor et, un an plus tard, les événements de Mai 68, quand, tout jeune secrétaire d'Etat à l'Emploi, le même Chirac ne quitte plus Pompidou. « J'avais pu me rendre compte, notera bien plus tard Charles Pasqua, que c'était un homme solide dans la tempête, toujours présent et disponible, bénéficiant d'une puissance de travail exceptionnelle. »

En fait, Charles Pasqua est tout de suite séduit par cet énarque qui n'hésite pas à caresser le cul des vaches, cet intoxiqué de la politique – comme lui – qui ne recule devant rien pour atteindre son but, ce grand bonhomme profondément gentil et qu'il devine malléable.

Il avait aussi fallu des témoins. Deux de chaque côté. Pour Charles Pasqua, deux Corses, deux anciens ministres de De Gaulle, au parcours pas toujours très droit, qui seront placés à la tête du parti gaulliste : René Tomasini, dit « Toto », et le vieux briscard Alexandre Sanguinetti, dont aujourd'hui encore Charles Pasqua cultive à l'envi les bons mots. « La meilleure manière de tuer les caméléons, c'est de les mettre sur une couverture écossaise », disait Alexandre. Et Charles en rit encore. De couverture confortable, ces deux « parrains » corses vont en tout cas lui servir. Ils vont littéralement le pousser dans la salle des machines de ce qui est encore à l'époque l'UDR.

Les témoins de Jacques Chirac n'ont pas le même style. Ils s'appellent Marie-France Garaud et Pierre Juillet, inconnus des militants mais craints par tous leurs chefs. Nullement attirés par les feux de l'avant-scène, leur suprême plaisir est de faire et défaire les carrières au gré de leurs humeurs et des faiblesses. Ces deux conseillers favoris de Georges Pompidou, ces deux tireurs de ficelles, vont façonner Chirac, le diriger, le gonfler avec l'ambition de le transformer en héritier unique du pompidolisme et du gaullisme. Juillet, en tant qu'ancien hussard, aime ce type d'homme intrépide et secret. Avec Marie-France, surnommée « la Walkyrie poitevine », femme de tête et de charme, il aime s'adonner à ces jeux qui, comme le susurrait Michel Jobert, « n'épanouissent pas l'âme ».

Ce couple infernal a décelé très tôt les talents d'organisateur de Charles Pasqua. Ils n'auront de cesse qu'ils ne l'aient attiré dans la nouvelle écurie chiraquienne. En tant que cavalière émérite, Marie-France Garaud sait que les grands chevaux de course ont toujours besoin d'un mouton de compagnie pour être rassurés une fois rentrés au box. Ce mouton noir de Charles Pasqua, imagine-t-elle avec son compagnon de l'ombre, fera très bien l'affaire.

Pour que tout ce petit monde se réunisse et s'entende, il a fallu enfin une tête de Turc, un ennemi numéro un, un homme à abattre : ce fut Jacques Chaban-Delmas, premier Premier ministre de Georges Pompidou et candidat naturel et virtuel à sa succession. « Certes, vous êtes gaulliste, lui signifiera Pierre Juillet, je n'en disconviens pas, mais vous êtes aussi l'homme qui amène le socialisme en France, l'homme le plus dangereux qui fût pour le pays. » Dès 1969, quelques mois seulement après l'arrivée de Pompidou à l'Elysée, Charles Pasqua participe avec Pierre Messmer et Michel Debré à la création d'une amicale dont l'enseigne est à elle seule un programme et un avertissement : « Présence et action du gaullisme ». Dans l'esprit de ces trois hommes, il s'agit de préserver la lettre de l'orthodoxie gaulliste. On veut utiliser tous les moyens pour prévenir les dérapages de Pompidou. Ce sera en réalité contre Chaban et sa « nouvelle société » que cette amicale se déchaînera, jusqu'à ce que l'un des siens, Pierre Messmer, soit appelé à le remplacer à Matignon.

Pierre Juillet et Marie-France Garaud tirent les ficelles avec dextérité, toujours en avance de quelques coups. En 1971, Jacques Chirac est nommé ministre des Relations avec le Parlement et René Tomasini devient secrétaire général de l'UDR. L'un derrière les parlementaires, l'autre derrière les militants. Le tandem est en place. La courroie de transmission s'appelle Charles Pasqua. Quelques semaines plus tard, voulant respecter avec zèle la consigne de pourfendre le libéralisme de Chaban, l'ineffable « Toto » s'en prend tout à trac « à la lâcheté des magistrats qui libèrent les casseurs » et à la première chaîne de télévision, modèle Desgraupes, qu'il estime « domestiquée par les ennemis de la liberté ». Chaban réclame sa tête. Chirac la lui sauve auprès de Pompidou. Tomasini et son filleul Pasqua ne l'oublieront jamais.

Pour preuve : neuf mois plus tard, les assises UDR de Strasbourg, sur la poussée de Tomasini qui s'empresse de renvoyer l'ascenseur, se transforment en rampe de lancement de la nouvelle étoile gaulliste Chirac qui n'a pas encore quarante ans. Pour preuve : trois ans plus tard, Charles Pasqua préfère assister en silence et impuissant au ralliement de Jacques Chirac à la candidature de Giscard. Il voit tout, entend tout, mais laisse faire et se terre. Il n'est plus parlementaire. Il n'est que le protégé des grognards corses Tomasini et Sanguinetti, lequel a pris à son tour la barre de l'UDR. Or l'un et l'autre, déjà, ne sont pas d'accord sur la stratégie à suivre, traduisant le désarroi dans lequel les héritiers du gaullisme vont se trouver plongés en ce printemps 1974.

La disparition de Pompidou n'ébranle pas Charles Pasqua. Il a pleuré quand le grand chêne de Gaulle s'est affaissé à Colombey. En ce 2 avril 1974, si Jacques Chirac perd un père, lui ne pense pas assister à la disparition d'un vrai compagnon. On ne le vit jamais aller fleurir la tombe d'Orvilliers. Ce président enterré, l'émotion dissipée, la France bascule du jour au lendemain dans une campagne présidentielle à rebondissements. Depuis mars, Jacques Chirac est passé du ministère de l'Agriculture au ministère de l'Intérieur. Dans l'esprit du couple Juillet-Garaud, cette promotion est indispensable pour préparer une campagne présidentielle que Georges Pompidou, conscient des ravages de sa maladie, comptait provoquer à l'automne par sa démission. La rapidité d'une maladie cachée tant bien que mal au commun des citoyens va surprendre tout le monde. Mais les candidats ne manquent pas. Face à François Mitterrand, candidat tout désigné à gauche, c'est le « trop-plein » à droite. Chaban est déjà sur les rangs. Edgar Faure est tenté de se laisser faire. Giscard n'a encore rien dit mais, après avoir su faire l'impasse sur l'élection présidentielle de 1969, il est prêt. Chirac ? Pierre Juillet y songe, mais sa jeunesse refroidit les ardeurs.

Pour éviter la débandade et surtout le retour de ce fourrier du socialisme qu'est Chaban, la petite troupe de Jacques Chirac pousse « à la russe » la candidature du Premier ministre sortant, Pierre Messmer.

En réalité, le coup était prévu depuis longtemps. Chaban lui-même en recueillera la preuve auprès de Giscard, deux ans après son installation à l'Elysée. « Giscard a voulu me voir, raconte Chaban. Il voulait s'excuser et finit par me faire cette confidence stupéfiante. " Dès décembre 1973, me confie-t-il, Garaud et Juillet ont demandé à me rencontrer. Pompidou vit toujours mais les rumeurs sur sa santé courent Paris, et mes deux visiteurs me disent : vous êtes un homme éminent. Vous serez peut-être un jour président de la République et nous y concourrons. Mais pour la prochaine fois, ne touchez pas au grisbi ! Tout est prévu pour Messmer. Le coup suivant, cela va de soi, ce sera vous ! " »

Charles Pasqua ne peut qu'applaudir. Le grisbi Messmer, il n'a rien contre. Il s'est toujours senti proche de ce gaulliste des colonies, qui ne brille pas par son charisme, certes, mais avec qui on pourra à plein profiter de l'émotion populaire provoquée par la fin tragique de Pompidou. « On disait que Messmer ne passait pas bien à la télé, se souvient Charles Pasqua. Mais au moins avait-il une tête d'honnête homme. » Mais ce plan-là va rencontrer un grain de sable. Angoissé par la seule perspective de la charge, possédé par ce qu'on pourrait aujourd'hui appeler le « syndrome Delors », Pierre Messmer tarde à céder aux pressions de Jacques Chirac.

Dès lors, la stratégie chiraquienne s'effondre comme un jeu de dominos. Chaban se déclare le 5 avril, Giscard, le 8, dans sa mairie de Chamalières. « Si Messmer est candidat, avait-il prévenu, je vous donne ma parole que je ne me présenterai pas. Mais si Chaban est candidat, je vous donne aussi ma parole que je me présenterai. » Chirac avait deviné. « Si Chaban est candidat, avait-il annoncé, Giscard le sera aussi. Il y aura des primaires. Chaban n'est pas le meilleur. Il fera une erreur par jour. Alors qu'avec Messmer, on était sûrs de battre Mitterrand. » Chaban se déclare, plus rien ne peut arrêter la machine. Le prince Ponia, grand chambellan du giscardisme, a compris. « Voilà le faisan qui prend son envol, glisse-t-il au chasseur Giscard. Et Chirac va être notre épagneul ! »

Dès lors, le parti du trio Chirac-Juillet-Garaud est définitivement pris : tuer Chaban, pousser Giscard et battre Mitterrand. « Notre seule préoccupation était de faire battre Mitterrand et de gagner du temps », assure aujourd'hui Marie-France Garaud. Giscard et Chirac signent un pacte de sang, mais d'un sang empoisonné. En privé, Chirac explique qu'il est inutile de se faire du souci, que « Giscard est un fainéant » et qu'il ne se donne pas trois ans pour le « liquider ». Encercler Giscard, vider la présidence de toute influence, tel est son calcul. Giscard lui, évidemment, en a un autre. Son obsession : vider l'UNR de toute sa substance. Chirac, pense-t-il, va lui servir d'homme de paille.

En attendant, le comité central de l'UDR, qui entend plébisciter Chaban, ne suit pas. « Nous allons au casse-pipe », prévient Chirac. On réclame en effet sa tête. « Impossible de l'exclure, reprend Sanguinetti, il n'a pas sa carte ! » Les deux mentors de Charles Pasqua, on l'a dit, sont partagés. Sanguinetti est pour Chaban. Tomasini œuvre déjà avec Chirac pour armer le bras qui frappera Chaban : l'appel des quarante-trois parlementaires qui va constituer un ralliement spectaculaire à la candidature de Giscard.

En ces jours troublés, Charles Pasqua préfère être loyal vis-à-vis de son mouvement que traître en soutenant Chirac. Une façon sans doute de ménager l'avenir. Jacques Chirac ne lui en fera jamais le reproche, comme si avait été consentie par avance une subtile répartition des tâches. Avec son langage de corps de garde, Alexandre Sanguinetti ne se privait d'ailleurs pas de vendre le morceau : « Giscard n'a aucune importance. Quand il aura fait trop de conneries, Chirac le balancera et l'UDR reviendra au pouvoir. » Mais, à l'orée de cette campagne présidentielle, c'est le genre de calcul qui laisse quand même sceptique Charles Pasqua. Son raisonnement est simple : il votera Chaban au premier tour parce que jamais de sa vie on ne le fera voter pour Giscard. « En réalité, se souvient-il, je ne pouvais reprocher qu'une seule chose à Chaban, c'est son attitude envers tous les gens qui avaient évité la chienlit en 68. » Mais Giscard, c'était plus fort que lui, impossible : « Je lui ai toujours reconnu une grande intelligence, mais par rapport au gaullisme, il a toujours représenté la bourgeoisie et je ne pouvais lui pardonner le " oui mais " à de Gaulle de 67. »

Avant ce coup fatal de 1967, Charles Pasqua avait un temps navigué à proximité des républicains indépendants. A Marseille, il avait été le fondateur du premier club giscardien « Perspectives et réalités ». Il avait même failli être récupéré pour prendre place au premier comité directeur des RI. A partir de 1967, il n'était plus question de transiger avec tout ce qui ressemblait de près ou de loin à un giscardien. Aussi lui apparaissait-il quand même étrange de voir des gaullistes rejoindre celui qui, à partir de 1966, n'avait cessé de dénigrer l'action du Général, qui avait réclamé le départ du Premier ministre Pompidou en 1968 et avait été, en mars 1969, l'un des premiers à dire non au référendum de De Gaulle.

Charles Pasqua redoute qu'avec ce jeu de dupes, avec ce pari de faire élire par les gaullistes un antigaulliste, Jacques Chirac n'en vienne à se laisser phagocyter par Giscard. Il n'a jamais sous-estimé l'intelligence du personnage et, connaissant déjà son Chirac, sait que le « Grand Jacques » est un sensible qui peut s'emballer. Il se souvient qu'entre 1969 et 1971, Giscard et Chirac ont eu à cohabiter durant dix-huit mois, au ministère des Finances, rue de Rivoli. Pompidou avait imposé à Chaban de faire de Chirac un secrétaire d'Etat au Budget auprès de Giscard qui retrouvait « son » ministère après trois ans d'absence. Giscard avait quarante-trois ans, Chirac trente-sept. Le premier ne pouvait pas ignorer que le second avait été mis à ses côtés par l'Elysée pour l'espionner. Ce voisinage forcé en surprendra plus d'un. Giscard se fait charmeur, Chirac discipliné et peu avare d'éloges. « A partir du moment où les choses sont bien claires et où il ne vous prend pas pour un esclave, il est très agréable de travailler avec lui », admet-il un jour. Une autre fois, il avoue que « M. Giscard est un des rares hommes d'Etat actuels ». Deux ans plus tard, alors qu'il a quitté depuis longtemps la rue de Rivoli, il va encore plus loin en expliquant dans un entretien au *Point* d'août 1973 que si Pompidou venait à disparaître, il serait giscardien. Les observateurs notent même un mimétisme troublant qui n'échappe pas non plus à François Mitterrand. Le nouveau premier secrétaire du PS se gausse : « Giscard, riche de résonances, n'a pas encore blanchi. Mais Chirac, par exemple, qui le copie, fait petit vieux. »

Charles Pasqua n'a rien oublié et son inquiétude grandit quand il entend Chirac déclarer, dans le feu de cette campagne présidentielle, que « le gaullisme n'est la propriété de personne et ne peut s'incarner dans aucun parti ». Et quand il entend surtout Giscard, qui sait déjà à qui il devra son élection, multiplier à son égard les hommages appuyés : « Jacques Chirac fait partie de cette génération d'hommes politiques qui sont ou seront appelés à exercer des responsabilités importantes. » Entre les lignes se dessine le pacte tacite en forme de slogan : Giscard à l'Elysée, Chirac à Matignon. Plusieurs fois, Charles Pasqua ira place Beauvau pour exprimer à Chirac lui-même ses appréhensions et ses interrogations. Chirac se veut rassurant : « Si je soutiens Giscard, ce n'est certainement pas pour lui faire plaisir. Je n'ai jamais eu d'atomes crochus avec lui. Mais c'est la seule façon de faire battre Mitterrand. » Charles Pasqua en accepte l'augure. En venant place Beauvau, il en apprend de toute façon beaucoup sur la fabrication des faux sondages et les fuites ciblées de ceux des Renseignements généraux. Ce ministère de l'Intérieur, il peut déjà s'en convaincre, est décidément un levier extraordinaire.

Avec un Jacques Chirac peu regardant, Pierre Juillet et Marie-France Garaud jouent une nouvelle fois les apprentis sorciers. « C'est vrai, convient aujourd'hui celle-ci, nous avons publié des sondages qui n'existaient pas. Simplement, on pensait que ces sondages avaient des chances d'être virtuellement exacts. » Rapidement, ces sondages « virtuels » feront savoir que Giscard dépasse Chaban, qu'il creuse l'écart d'une façon irrémédiable. Une dymanique de la campagne est imprimée. Psychologiquement atteint, Chaban ne s'en relèvera plus et multipliera les faux pas. Il traite Chirac de « boy-scout vicieux ». Sanguinetti se console en se souvenant que « les grandes trahisons sont toujours effacées par l'histoire ». Charles Pasqua ne dit rien mais est impressionné par un travail de déstabilisation aussi parfait. Il s'en souviendra. Les sondages « virtuels » n'auront plus, à partir de cette expérience privilégiée, aucun secret pour lui!

Au premier tour, Chaban est à terre. Avec la courte échelle de Jacques Chirac, Giscard lui a mis plus de 17 % dans la vue. « Je n'avais pas su dominer la trahison, se souvient Chaban. Je me suis enfermé dans un système étriqué, dans un gaullisme absurde. On a voulu me vieillir, me salir. En 1978, j'ai revu pour la première fois Chirac. Je lui ai expliqué que je préférerais toujours la France à la rancune. Il était très ému. Puis je lui ai expliqué : “ Chirac, vous n'avez pas bien réfléchi en 74. Si vous ne vous étiez pas laissé encapuchonner par Garaud et Juillet, vous seriez devenu après moi président de la République. J'aurais nommé Guichard comme Premier ministre, il aurait demandé grâce bien avant que je veuille m'en séparer. Vous, en tant que ministre de l'Intérieur, vous auriez naturellement eu vocation à devenir le second Premier ministre du septennat et vous étiez sur la rampe ! " »

Mais, au second tour du 19 mai, Jacques Chirac est sûr de lui. Il peut considérer que l'essentiel est fait : François Mitterrand, pour la deuxième fois, ne sera pas président de la République. Il est vaincu, d'extrême justesse, mais vaincu quand même par un Giscard qui, à quarante-huit ans, devient le troisième président de la Ve République, le premier non gaulliste. « De ce jour date une ère nouvelle de la politique française, déclame-t-il le jour de son avènement à l'Elysée. Voici que s'ouvre le grand livre du temps avec le vertige des pages blanches. »

Chacun la sienne. Une étrange bataille navale va commencer. En propulsant Jacques Chirac à Matignon, ce qui ne surprend pas, il pense pouvoir giscardiser une UDR qui tangue. « Personnellement, se souvient son fidèle Ponia, je poussais très fort pour que Matignon soit à Guichard, gaulliste historique, homme d'expérience et de sérénité. Mais Giscard était catégorique : " Je ne veux pas près de moi quelqu'un qui soit plus âgé, me répondait-il. On dira tout de suite que je me place sous sa houlette. " Je lui ai rétorqué : " Tu prends quelqu'un d'aventureux. Regarde ce qu'il vient de faire. Il a trahi une fois, il trahira encore. " Mais Giscard ne m'entendait plus. »

En acceptant une telle promotion pour leur « poussin », Pierre Juillet et Marie-France Garaud pensent, pour leur part, qu'un Giscard sans divisions et éternellement reconnaissant ne sera que le faux nez de leur pompidolisme. Ce septennat s'engage sur un fameux quiproquo qui allait lester le bateau de la droite pendant bien des marées.

Pour Charles Pasqua s'ouvre aussi, à partir de ce printemps 1974, une ère nouvelle. Il n'est plus député. Sa première présidence du conseil général des Hauts-de-Seine lui laisse des loisirs. On ne parle pas encore de la décentralisation. Il va pouvoir, sans gêne, retrousser ses manches. Pierre Juillet et Marie-France Garaud, qui a décliné la proposition incongrue de Giscard de devenir ministre de la Condition féminine..., suivent tout naturellement leur poulain à Matignon. Charles Pasqua prend ses quartiers, rue de Lille, au siège de l'UDR qu'il faut reprendre en main. Les 15 % de Chaban ont fait mal. La trahison de Chirac et de ses « Saxons » encore plus. Charles Pasqua n'en était pas. Il peut entrer. Mais la croix de Lorraine penche dangereusement. Dans leur désarroi, les compagnons ne savent plus quoi inventer comme surnom pour ce Premier ministre investi par Giscard : « le Forban », « Al Capone ». Olivier Guichard et Michel Jobert sont pressentis par Chaban et les barons revanchards pour prendre les leviers de commande du mouvement et préserver à tout prix l'héritage gaulliste.

Au ministère de l'Intérieur où il veut se poser en confident du roi et en superintendant du gouvernement, le prince Poniatowski, chez qui l'antigaullisme est épidermique, prévient ses amis RI que « maintenant il faut casser l'UDR et que Chirac va s'en charger ». Jacques Chirac est contraint de réagir. Il sait que, pour s'imposer, il a besoin d'une force militante, qu'il faut récupérer cette UDR vacillante, qu'il a besoin de son appui massif pour empêcher une giscardisation galopante de la majorité. Chef du gouvernement, il entend devenir chef de la majorité. Giscard a commis l'imprudence de ne pas dissoudre. Il faut foncer et organiser ce que beaucoup appelleront à l'époque le « hold-up ». Pierre Juillet et Marie-France Garaud n'ont aucune difficulté à le convaincre de « violer » barons et compagnons. Jacques Chirac a trouvé l'argument : « Ou nous suivons le chemin ensemble, déclare-t-il aux députés UDR, ou nous irons dans le fossé ensemble. »

En six mois, ce sera fait. Trop sûr de lui, Giscard croira que Chirac compte lui apporter l'UDR sur un plateau, alors que tout au contraire, il s'agit pour Chirac de confisquer la clé du champ de tir gaulliste, pour ouvrir le feu quand bon lui semblera. « Les Corses vont nous aider », avait prédit Ponia. Pour le coup, il ne se trompait pas tout à fait. Charles Pasqua n'a plus d'états d'âme. Il n'est même pas loin de la griserie de 68. Casser du giscardien, il ne demande pas mieux. Jacques Chirac est à Matignon, il doit être le patron. Il fait passer la consigne. « Ne touchez pas à Chirac, vous serez contents de l'avoir avec vous un jour. » « Tous ces vieux dignitaires, se remémore-t-il vingt ans après, n'avaient pas compris que la France avait changé. Moi, je n'avais qu'une ambition : c'était que l'idée du général de Gaulle inspire à nouveau la conduite de l'Etat. » Alors Charles Pasqua va agir et devenir, selon un mot qui n'était pas encore à la mode, incontournable. « C'est moi, n'hésite-t-il pas à rappeler sans modestie, qui ai empêché que Chirac soit exclu et c'est moi qui l'ai imposé. » Le trio corse va agir en trois temps. Pour séduire les gaullistes à l'Assemblée nationale, Tomasini accepte le poste de ministre chargé des relations avec le Parlement. Charles Pasqua va ensuite faire basculer dans le camp chiraquien Sanguinetti, qui bascule d'autant plus facilement qu'il est alors à la merci d'un redressement fiscal... Enfin, Charles Pasqua entre pour la première fois officiellement dans l'appareil en se faisant nommer secrétaire national à l'animation. Il passera l'été à visiter une par une les fédérations. Fin août, son tour de France est terminé, il en revient sûr de son coup. Les parlementaires protestent devant cette « pantalonnade ». « Nous allons voir remplacer un rassemblement par un ramassis et des compagnons par des maffiosi », s'insurge par exemple le turbulent Robert-André Vivien. Mais l'opération était cousue de fil blanc. A Matignon, Chirac tenait la caisse. Rue de Lille, Pasqua tenait les urnes et cela ne faisait que commencer.

Le 14 décembre 1974, Sanguinetti était poussé gentiment vers la sortie. On lui promit de le délester de quelques sombres histoires financières. Le vieux soldat sut se mettre au garde-à-vous. Et le comité central, remodelé par les soins affectueux de Charles Pasqua, investissait Jacques Chirac dans les fonctions de secrétaire général de l'UDR. Ce jour-là, Charles Pasqua allait s'imposer aussi comme le grand ordonnateur du mouvement. Pour Pierre Juillet et Marie-France Garaud, il n'était jusqu'alors qu'un exécutant fidèle. Son examen de passage était cette fois probant. « Si on vote au comité central, combien ferons-nous ? l'avait encore interrogé la veille Pierre Juillet.

– 60 %.

– Vous en répondez sur votre tête ? le relance Juillet.

– J'en réponds ! » Le lendemain, Chirac obtenait cinquante-sept voix sur quatre-vingt-dix votants. « C'est vraiment à partir de ce jour, confirme Marie-France Garaud, que nous avons cessé de plaisanter entre nous sur les " pasquinades " de Charles. »

Ainsi fait chevalier de la nouvelle chiraquie, Charles Pasqua, qui n'a jamais caché son admiration pour le preux chevalier Bayard, sera au service de Jacques Chirac « sans peur et sans reproche ». Avec Giscard qui entend se mêler de tout, de l'accessoire et des gadgets, Chirac va rapidement vivre des jours pas très tranquilles à Matignon. La société libérale avancée que le président veut vendre aux Français lui donne des boutons et ses partenaires de la majorité se plaignent que Matignon soit transformé en annexe de l'UDR. En signe d'apaisement, Chirac consent à abandonner son titre de secrétaire général, d'autant plus volontiers qu'avec le tranquille André Bord à sa place et Charles Pasqua dans la soute, il devine que les vaches seront bien gardées. Cela ne trompe personne, mais cela va mieux en le scandant. Charles Pasqua commence à imaginer les grand-messes qui régulièrement viendront redonner foi et espérance aux militants et réchauffer le cœur de celui qu'on acclame. « Jacques, combien tu en veux, trois mille ou dix mille ? » Jacques n'avait qu'à demander. Charles livrait le militant banderoles en main.

Décembre 1975, dix mille jeunes de l'UDR, transportés sur les lignes spéciales de la compagnie Pasqua, atterriront ainsi au Bourget pour scander pour la première fois « Chirac président ». Le genre de manifestation qui met en transes l'Elysée. De plus en plus ouvertement, Chirac réclame la possibilité de donner un véritable coup de barre à droite. Selon lui, Giscard est en train de commettre la même erreur stratégique que Chaban, en voulant à tout prix séduire la gauche modérée et le centre gauche. Les résultats désastreux des cantonales de mars 1976 ne font que le conforter dans cette certitude. Bref, comme il le dit sans ambages à ses proches : « C'est le bordel ! » et « On perd son temps. » Chirac voulait remettre tout à plat, dissoudre, anticiper sur les élections législatives de 1978. Giscard ne l'entend pas de cette oreille. Juillet, Garaud, Pasqua, tout son entourage le pousse à arrêter les frais. Fin août, c'est fait. « Comme je ne dispose pas des moyens que j'estime nécessaires pour assumer efficacement les fonctions de Premier ministre, dans ces conditions, j'ai décidé d'y mettre fin. » Sous la dictée du trio Garaud-Juillet-Pasqua, Chirac ne s'est guère embarrassé de formules. L'inconnu Raymond Barre va venir s'installer pour cinq longues et pénibles années. Jacques Chirac, lui, trouve refuge dans un soixante mètres carrés du numéro 6 de la place du Palais-Bourbon. Pierre Juillet et Marie-France Garaud convient Charles Pasqua à venir s'installer avec eux et quelques rares autres, comme Jérôme Monod, Yves Guéna et le jeune Alain Juppé qui servira de « plume », dans un repaire plus cossu, déniché rue Vaneau, à quelques pas de Matignon.

Une autre ère commence. En cette fin d'été torride, Chirac se retrouvait sans pouvoir, mais avec en main le volant du premier parti de la majorité. Désavoué par un président qu'il avait largement contribué à mettre en selle. Forcé d'inventer, selon le précepte fauriste, une stratégie d'indépendance dans la dépendance d'une majorité placée sur la lame du rasoir d'une union de la gauche conquérante. Car chacun pressent que les élections législatives de mars 1978 peuvent donner un succès historique à cette gauche. « Pour éviter au pays l'aventure et les contraintes du collectivisme », Jacques Chirac annonce, un mois après son départ de Matignon, qu'il entend bien ne pas rester inerte.

C'est le lancement du RPR qui est annoncé : « Rassemblement pour la république », calqué à une lettre près sur le RPF de De Gaulle, mais en fait « Rassemblement pour Jacques Chirac »... La machine est en route. Charles Pasqua est sur le pont. « Pierre Juillet a pensé l'opération, se souvient Marie-France Garaud. Chirac l'a portée. Pasqua et moi l'avons cousue. » Le 3 octobre 1976, dans son fief corrézien, l'ancien Premier ministre lance devant deux mille militants rassemblés à Egletons son appel « au grand rassemblement [...] qui devra allier la défense des valeurs essentielles du gaullisme aux aspirations d'un véritable travaillisme à la française. » En novembre, Jacques Chirac se fait réélire sans souci et pour la quatrième fois député de cette même Corrèze. Tout est prêt pour les assises extraordinaires du 5 décembre, au parc des Expositions de la porte de Versailles.

Charles Pasqua a travaillé comme un chef. Pour la première fois, une place lui est réservée à la tribune. L'homme de l'ombre commence à se faire à la chaleur des projecteurs. Vingt mille adhérents venus le matin de toute la France, dix mille « nouveaux » autres les rejoignant dans l'après-midi pour assister à la naissance du grand rassemblement et à l'élection, sous les portraits géants de De Gaulle et Pompidou, de son premier président Jacques Chirac avec un score « soviétique » de 96,5 %. « Nous nous rassemblons, s'emballe-t-il, pour la démocratie et contre tout ce qui la menace. Nous nous rassemblons dans la majorité. Nous nous rassemblons pour agir et proposer et non pour dénigrer. [...] L'appel que je lance n'est que l'écho de l'éternel appel des nations qui ne veulent pas mourir. » Qu'importe si, comme ironise Georges Marchais, « il ne suffit pas de lever les bras pour ressembler au Général » : téléguidé complètement par Pierre Juillet et Marie-France Garaud, avec Charles Pasqua à la distribution, Jacques Chirac donne paradoxalement le sentiment d'avoir enfin réussi son émancipation politique.

Du jour au lendemain se substitue au mouvement gaulliste, gardien des tables de la loi, un appareil, un instrument politique au service d'un seul homme qui va imposer au gré du temps et de ses calculs tous les revirements. Du travaillisme à la française défendu en 1976, on passera au libéralisme le plus débridé, puis à une sorte de modernisme modernisateur qui se transformera à l'occasion de la campagne présidentielle de 1981 en un national-poujadisme vigoureux. René Rémond, en bon connaisseur des droites françaises, peut bien disserter sur ce « gaullisme rétréci », qu'importe encore puisque, à ce Chirac qui soigne son image de bête politique jamais rassasiée, tout semble réussir. Charles Pasqua ne s'embarrasse pas non plus de son gaullisme. Il voit mais il suit, voire il précède. Il pense avoir enfin misé sur le bon numéro. Certes, ce jeune Chirac ne sera jamais de Gaulle, peut-il se dire. L'épaisseur, la maturité, la constance – Jacques Chirac n'a encore rien de tout cela. En le traitant d'agité, Giscard a touché juste. Mais en bon vendeur, Charles Pasqua a la certitude qu'avec le temps, de la persévérance, des moyens et de l'encadrement, qu'avec lui, ses conseils, son expérience, même la plus vulgaire piquette peut être vendue comme un grand cru. Il oublie de Gaulle pour penser Ricard !

Mais, dans ces années de braise, l'heure n'est pas aux scrupules. Car, pendant ce temps-là, la vente continue. Tout semble réussir à Chirac. Il vient de conquérir à marche forcée les militants. Il va conquérir Paris. Les municipales de mars 1977 approchent, avec un enjeu considérable : l'élection, pour la première fois, d'un maire de Paris. Giscard voulait faire de Paris « une ville comme les autres » et son majordome Ponia s'était chargé de faire passer le projet au Parlement entre Noël et le nouvel an 1975. Jacques Chirac avait eu du mal à s'y résoudre, considérant que Paris risquait de se transformer en bastion socialiste inexpugnable. Mais Giscard s'était entêté. Pour faire payer l'affront de son départ, Giscard ne rêve plus que de défier Chirac et sa nouvelle armada du RPR. Un giscardien, décrète-t-il, prendra la capitale.

Pierre-Christian Taittinger et Jacques Dominati prestement évacués, il hésite entre Ponia qui promet « de dératiser Paris » et un autre de ses confidents,

Michel d'Ornano, prêt à abandonner les planches de Deauville pour le pavé parisien : « Il voulait un maire qui ait le nom d'un grand boulevard », se souvient Simone Veil qui, elle non plus, n'aurait pas refusé de se dévouer. Au lieu du prince Ponia, Giscard choisit le comte d'Ornano. Du perron de l'Elysée, le 12 décembre 1976, Michel d'Ornano annonce majestueusement le choix du monarque. « Quelle bourde, se souvient Raymond Barre. J'avais eu gain de cause contre Ponia. C'est comme si Napoléon III désignait Morny, avais-je rétorqué. Mais si on m'avait laissé piloter cette affaire, nous n'aurions pas abouti à un tel désastre. En tout cas, cela me prouva que, contrairement à ce qu'on pense, Giscard était un impulsif : dès qu'il avait une idée en tête, il fallait la réaliser. »

Le RPR n'a pas ce genre d'états d'âme. Il crie aussitôt à la double provocation et, un mois après, ce sera le coup de théâtre. Personne n'imagine – et Giscard moins qu'un autre – que Jacques Chirac, député de Corrèze, conseiller général de Meymac, voudra monter lui-même à l'assaut de la capitale. « On a été totalement surpris », confirme Raymond Barre. Et pourtant c'est ce qu'il annonce le 19 janvier 1977, sur un scénario une fois encore concocté pendant l'hiver par le trio Juillet-Garaud-Pasqua. Officiellement, il s'agit d'empêcher la prise de la Bastille par la gauche. « Il convient maintenant, annonce Chirac, de faire en sorte que la capitale de la France ne coure pas le risque de tomber entre les mains des socialo-communistes [...], de tout mettre en œuvre pour combattre le collectivisme. » Mais cette déclaration de guerre ne leurre personne. C'est le giscardisme, ses œuvres et ses pompes qui sont visés.

Chirac veut que cette campagne, la première menée sous la nouvelle bannière RPR, ait du panache. Après les Corréziens, les Parisiens découvrent un marathonien de l'élection, un tout-terrain du faubourg, qui chaque matin saute de son QG de la tour Montparnasse, comme en 1944 les soldats alliés sur les plages de Normandie. Cette campagne sera dure, brutale. Les provocations avec les candidats giscardiens seront innombrables. Face à l'ancienne résistante Nicole de Hauteclocque se présente Françoise Giroud, secrétaire d'Etat à la Culture, qui se vante d'une médaille de la Résistance qu'elle n'a jamais eue. Charles Pasqua se chargera d'en faire une affaire qui empoisonnera cette campagne. Dans toute la France, ces élections municipales seront une catastrophe pour la France. A Paris, ce sera un tremblement de terre pour Giscard. Les listes Chirac recueillent cinquante-quatre sièges, celles de la gauche quarante-quatre, celles de d'Ornano, lui-même battu, quinze sièges. Le 25 mars 1977, Jacques Chirac est élu maire de Paris. Et une fois encore, on se retrouve au pied de l'Arc de triomphe pour la fête. La photo est restée dans les mémoires : Chirac les bras écartés, les doigts en V, ceint de son écharpe tricolore tout juste sortie de la boîte, juché sur le toit d'une voiture pour échapper aux débordements des militants. En bas, Charles Pasqua qui tente de protéger et le véhicule et le nouveau maire. Tout un symbole. Paris a récupéré Etienne Marcel et Charles Pasqua était encore au pied de son cheval. Sous ses sabots, les rêves ne manquent pas. Sauver aux élections législatives de 1978 la France du péril rouge, en finir avec le giscardisme, qu'on avait soi-même installé, faire de Jacques Chirac un présidentiable insubmersible.

Progressivement, aux grands desseins gaullistes se substituaient les petits calculs chiraquiens, et Charles Pasqua tenait la clé de la petite machine à gagner. Progressivement, le RPR s'éloignait encore du gaullisme des origines pour devenir un vrai parti de droite, caporalisé et chauvin. Après l'euphorie s'annonçaient beaucoup de désillusions.

VI

CHIRAC... POUR LE PIRE

Le début de l'année 1978 va apporter les premières désillusions à l'intérieur du camp du Drap d'Or chiraquien. Les élections législatives, que Giscard n'avait pas voulu anticiper, sont maintenant dans trois mois. Tant bien que mal, la gauche tente de colmater son union qui a pris un coup de chaud durant l'été 1977, mais les sondages continuent, malgré tout, de laisser entrevoir une défaite sans appel de la majorité. Giscard en est déjà à prévoir son déménagement à Rambouillet, voire de nouvelles élections présidentielles. « A plusieurs reprises, devant témoins, assure Raymond Barre, il avait confié que, s'il lui arrivait quelque chose, je devais être candidat à sa succession. " Vous ne pourrez pas laisser la France dans les mains de Chirac ", me répétait-il. »

Chirac, lui, se dit que si, effectivement, Giscard en est réduit à remettre son sort dans les mains de ce pauvre Barre qui n'y entend rien, il peut numéroter ses abattis présidentiels. Car le professeur Barre est devenu entre-temps l'une des bêtes noires du RPR. Quand on ne peut pilonner l'Elysée, on tire à bras raccourcis sur le « meilleur économiste de France », le « Joffre de l'économie », qui va devoir gouverner au Parlement, sabre au clair, à coups de 493. Mais comme le cher professeur a quand même retenu que le groupe RPR n'a pas, malgré ses velléités, le goût du suicide, il ne va pas se priver de donner libre cours à son penchant naturel pour la provocation. Un jour, c'est pour comparer, en termes choisis, les gaullistes à des « muscadins de l'économie ». Un autre, c'est pour signifier aux Français que si la situation économique de leur pays est délicate, ils doivent en savoir gré au Premier ministre Chirac. « Si j'avais le désir de critiquer mes prédécesseurs, s'amuse-t-il, je n'en aurais pas le temps, tellement on m'a laissé de choses à faire, à défaire, à refaire. »

L'ambiance est exécrable, mais sûr de lui et dominateur, Jacques Chirac pense que ce n'est plus qu'une question de semaines, qu'en mars chacun viendra lui manger dans la main, que Barre ne sera plus qu'un mauvais souvenir et que, si Giscard n'est pas balayé, il aura enfin les moyens de lui en imposer. Le président du RPR se sent tellement pousser des ailes qu'il va proposer aux autres partenaires de la majorité un « pacte majoritaire » pour les législatives, qui vise à le poser comme leader naturel de cette majorité et à prévoir des engagements de désistement qui ne peuvent que faire la part belle au parti le plus fort et le mieux organisé...

Mais les chiraquiens vont tomber de haut. Charles Pasqua, pas plus que Pierre Juillet, Marie-France Garaud et les autres, n'a vu le coup venir. Jamais ils n'ont pensé que les républicains indépendants, réorganisés au sein du nouveau Parti républicain, les centristes, ces petits radicaux du « turlupin » Jean-Jacques Servan-Schreiber, les soi-disant sociaux-démocrates de Max Lejeune seraient foutus de se serrer les coudes pour ramer ensemble dans la même direction. « La France veut être gouvernée au centre », pouvait bien prétendre Giscard. Eux pensaient depuis leur première barbe que ce centre était ingouvernable. « On ne peut pas être élu sans le soutien des centristes, mais une fois ralliés ce sont des voyageurs sans bagages », prétendait Pompidou. L'élève Chirac avait retenu ce cours d'instruction politique. « Les centristes, aimait-il à répéter, c'est comme le PSU, dès qu'ils sont trois, ils font une scission. »

Et voilà que, sans crier gare, ils bâtissaient une union qui allait faire le méchant clin d'œil à la défunte UDR. Le 1er février 1976 surgissait sur la scène politique l'UDF : l'« Union pour la démocratie française », inspirée du titre du livre de Giscard, mais surtout conçue comme un cartel anti-RPR. Le décor était en place pour bon nombre de représentations qui n'ont pas cessé aujourd'hui. Quand il découvre ce nouveau canevas de la droite élaboré dans le plus grand secret dans le pavillon de musique au fond du jardin de Matignon, Jacques Chirac doit se pincer. « C'est de la magouille », vitupère-t-il. Avant d'annoncer, vengeur : « Cette UDF, c'est un pâté qui va se réduire à la cuisson. Nous n'avons pas de leçons à recevoir de ceux qui parlent du changement comme des vieillards parlent des petites filles. »

La guerre est déclarée. Le sénateur du Lot-et-Garonne et ancien ministre, Jean François-Poncet, était alors secrétaire général de l'Elysée. Il confirme : « Dès 1976, Giscard n'était plus obsédé que par son duel avec Chirac. En France, à l'étranger, il ne parlait plus que de cela. Il y a une chose que Giscard n'a jamais supportée : c'est qu'on veuille prendre sa place. » Mais Chirac est pris au piège : impossible de déclencher la bombe atomique en sachant que plane déjà sur la France le champignon « collectiviste ». Les Français ne comprendraient pas qu'il ne fasse pas, comme les en presse Giscard, le « bon choix ».

Alors, face au ventre mou de l'UDF, Jacques Chirac va vouloir montrer ses abdominaux. Dans les salles de musculation, Charles Pasqua est le premier des moniteurs, le porte-bidon du coureur Chirac lancé dans un invraisemblable tour de France. En trois mois, il visite soixante-dix-neuf départements, tient cinq cent dix-sept réunions. Devenu sénateur, Charles Pasqua n'est pas directement concerné par ces élections législatives. Il a le temps de livrer au président du RPR une campagne nationale clés en main qui connaîtra sa grande étape de montagne avec un rassemblement porte de Pantin où se pressent cent mille personnes. Un feu d'artifice en plein hiver comme on n'en revit jamais plus. Le soir du second tour de 1978, la gauche rate d'un souffle la majorité. Le RPR reste puissant mais perd vingt-neuf sièges, tandis que, le talonnant à trois points, la nouvelle UDF gagne, toutes ses composantes confondues, vingt-quatre sièges. Chirac essaie de donner le change. Mais sa déception est grande. « Sans Charles, témoignent ses proches, il aurait vraiment perdu le moral. » Il s'attendait au moins à quelques remerciements de Giscard. Ils ne viendront jamais. L'Elysée est au contraire sûr de sa démonstration : les grands combats ne se gagnent qu'au centre. La tour d'ivoire giscardienne se referme un peu plus devant Chirac et ses compagnons.

Voici que s'ouvre une nouvelle ère qui verra Giscard multiplier les clins d'œil sur sa gauche – à Robert Fabre, Pierre Mauroy et tant d'autres. On ne parle pas d'ouverture, mais de... décrispation. Conseiller à l'époque à l'Elysée, Alain Lamassourre était spécialement chargé de ces opérations secrètes de débauchage. « Giscard, à ce moment-là, raconte-t-il, ne croyait pas aux chances d'une troisième candidature de Mitterrand. “ C'est un loser, confiait-il. Il n'a aucune chance. " Il pensait aussi que Rocard serait en double emploi avec lui. Le principal danger était donc, selon lui, Mauroy. D'où ses tentatives pour monter les enfants de la SFIO contre le programme commun, son idée profonde étant qu'on ne pouvait pas gouverner une partie de la France contre une autre. »

Décrispation ! Jacques Chirac est lui de plus en plus crispé et dérive de plus en plus à droite, collant ainsi parfaitement, sans s'en rendre compte, au plan giscardien. « Facho Chirac » fait la fortune des caricaturistes. « Un gaulliste ne peut pas être fasciste, se défend-il. Il ne peut pas l'être. Il s'est toujours défini par l'antifascisme. Le fascisme, c'est l'exercice de l'autorité illégitime. Le gaullisme, c'est l'exercice de l'autorité légitime, démocratique. » Chirac se défend, mais comme beaucoup doutent qu'il soit gaulliste, l'argument a du mal à se faire une place. Les giscardiens s'en délectent. Entre les deux complices de 1974, le fossé ne peut que se creuser. La nouvelle assemblée vient à peine de s'installer qu'il faut trouver un président et que la bagarre redémarre. Giscard, pratiquant le grand pardon et voulant aussi dessiner à sa façon une « nouvelle société », soutient Chaban qui ne rêve que de revenir dans cet hôtel de Lassay qu'il a occupé déjà pendant onze ans. « Provocation ! » hurlent Pierre Juillet et Marie-France Garaud qui pensaient en avoir terminé avec le maire de Bordeaux. Chirac tergiverse mais finit par sombrer dans le ridicule en apportant son soutien à l'inimitable Edgar Faure. « Tu te conduis comme un porc », ira lui dire Chaban.

Les cent cinquante-trois nouveaux députés RPR n'arrivent plus à suivre. Une quarantaine d'entre eux refusent de respecter la consigne de Jacques Chirac. Giscard en profite, « draguant » sans aucune gêne les gaullistes fréquentables, c'est-à-dire antichiraquiens, qui derrière un Alain Peyrefitte en majesté acceptent toutes les offres élyséennes. Chaban, après bien des soucis, peut regagner son perchoir. Et, pour la première fois, un grain de sable s'est mis entre Jacques Chirac et le couple Juillet-Garaud qui l'a poussé par haine de Chaban à cette faute grossière. Un an plus tard, ce sera la rupture.

Une élection en cachant une autre, l'année 1979 devait être l'année des premières élections européennes au suffrage universel. Les gaullistes ont d'emblée été hostiles à ce projet que Chirac prétendra toujours avoir appris par la radio. C'est pourtant en juillet 1976, un mois avant sa démission, que le Conseil des ministres l'approuvera, avant qu'il ne soit adopté par le Parlement un an plus tard. Depuis, le président du RPR n'a cessé de le critiquer : « Cette élection du Parlement au suffrage universel n'est pas sérieuse puisque les règles du jeu n'ont pas été fixées et que nous ne savons pas à quelle sauce la France va être mangée. » Il est contre l'ouverture de l'Europe à l'Espagne et au Portugal, contre tout élargissement qui mènerait à l'installation d'une « zone de libre-échange »; bref, Chirac est aussi farouchement contre que Giscard est résolument pour. Il y voit surtout le moyen pour lui de rebondir.

Dès la fin de novembre 1978, Pierre Juillet, Jacques Friedmann, son ami de Sciences-Po et Charles Pasqua se retrouvent un samedi autour de Jacques Chirac, en Corrèze, pour ébaucher un début de plan d'attaque. Pierre Juillet est vent debout contre ce Giscard qui les a floués et qui maintenant veut regarder l'Europe au fond des yeux. Jacques Chirac tempère son courroux. On se promet de se revoir sur le sujet. Le lendemain, c'est l'accident. Entamant le rallye dominical habituel dans son fief de Corrèze, la voiture de Jacques Chirac rate un virage verglacé. Jambe cassée. Chirac est ramené d'urgence à Paris pour être hospitalisé à l'hôpital Cochin. L'alerte est sérieuse. Chirac risque la tétraplégie. Pierre Juillet et Marie-France Garaud en profitent pour avancer leur pion. Charles Pasqua est dans la confidence. C'est lui qui se charge de la protection de la chambre. « Que voulez-vous, glisse-t-il à ceux qui s'en étonnent, moi, je n'ai confiance qu'en mon service d'ordre. » Ainsi peut-il contrôler les entrées et les sorties, notamment de Bernadette Chirac qui supporte de moins en moins l'influence, néfaste à ses yeux, de Marie-France Garaud et de Pierre Juillet.

Le matin du 6 décembre, Bernadette Chirac, qui est demeurée au chevet de son mari, s'éclipse pour aller faire un brin de toilette. Les « gros bras » de Charles Pasqua préviennent Marie-France Garaud. « J'arrive », s'empresse-t-elle. Et Jacques Chirac, encore mal rétabli, n'a plus qu'à apposer sa signature au bas de ce qui deviendra l'appel de Cochin. Un texte terrible. Tout y passe – appel à réagir contre l' « inféodation de la France », le « préjudice des intérêts nationaux », l' « asservissement économique » et, pour finir, ces trois phrases assassines qui n'ont jamais été effacées : « Comme toujours quand il s'agit de l'abaissement de la France, le parti de l'étranger est à l'œuvre avec sa voix paisible et rassurante. Français, ne l'écoutez pas. C'est l'engourdissement qui précède la paix de la mort. Mais comme toujours quand il s'agit de l'Europe, de sa cohésion, de sa volonté, nous ne transigerons pas. »

Officiellement Chirac ne reniera jamais cet appel qui déclenche la colère jusque dans les rangs du RPR. Le pouvait-il ? « C'est épouvantable », confiera Edouard Balladur qui n'est encore qu'ancien secrétaire général de l'Elysée et qui pantoufle à la CGE. Pour les avoir pratiqués au « Château », il sait de quel bois noueux peuvent se chauffer Pierre Juillet et Marie-France Garaud. Comme beaucoup d'autres, il ira quelques jours plus tard rendre visite à Chirac qui compte les jours dans un centre de rééducation de Cergy-Pontoise. Simple visite de politesse. Edouard Balladur laissera à d'autres anciens de la garde pompidolienne le soin de protester. Denis Baudoin se dévouera pour jouer les messagers auprès de Pierre Juillet : « Vous savez qu'en faisant signer ce texte à Chirac, il y aura demain de la cervelle sur les murs.

– Eh bien, s'entend-il rétorquer, vous me faites plaisir. C'est exactement ce que nous cherchons ! »

Le genre de propos qui n'est pas fait pour apaiser. Beaucoup commencent à reprocher à Chirac de les entraîner, sans les avoir consultés, dans cette aventure sous la seule dictée de conseillers occultes dont ils contestent de plus en plus la légitimité, l'utilité et la lucidité. Beaucoup choisissent de se mettre en congé de parti, comme le vieux Alexandre Sanguinetti que Charles Pasqua ne parviendra pas à rattraper. « Je n'ai pas l'impression que Chirac ait la notion de l'Etat, il aime trop le veau », bougonne-t-il. Mais Jacques Chirac est dans la nasse. Bah, se console-t-il rapidement, ces élections européennes, les Français s'en foutent. Ce sera un bon test de la popularité de Giscard, et pour moi, l'occasion de faire faire au RPR un tour de chauffe utile avant l'élection présidentielle de 1981.

Le 23 janvier 1979, c'est donc un Chirac à béquilles qui annonce qu'il prendra la tête d'une liste intitulée « Défense des intérêts de la France en Europe ». Et, flanqué de son infatigable Pasqua, il repart en campagne pour rater un autre virage. Mais rien n'y fait. La grogne dans son mouvement se propage. Les sondages indiquent que, dans leur majorité, les Français ne comprennent pas qu'il cherche noise à Giscard sur l'Europe. Qu'il critique son style et sa politique économique, d'accord, mais l'Europe impose selon eux plus de distance.

Jacques Chirac s'est mélangé les fiches et devient mauvais joueur. Charles Pasqua lui aussi perd les pédales. Le muet du sérail devient bavard et a des trous de mémoire. « Manipulation de chiffres, dénonce-t-il un beau matin, manœuvres électorales, utilisation abusive des moyens publics, exploitation éhontée des moyens de communication audiovisuels de l'Etat. Comment ne pas voir dans ces pratiques scandaleuses et derrière le masque du libéralisme, grâce à la manipulation de l'opinion, la marche vers l'instauration d'un fascisme sournois ? » Un réquisitoire sans nuance qui lui attirera cette réplique lourde de sous-entendus de Raymond Barre : « Lorsqu'il a dû prononcer ces mots, M. Pasqua a regardé dans la mauvaise direction. » Les résultats des élections du 10 juin sont sans appel. Menée par Simone Veil, la liste UDF arrive à 27,5 % ; François Mitterrand et le PS à 23,5 % ; Georges Marchais et son PC à 20,5 %. Jacques Chirac n'est que quatrième : 16,25 %, à peine un point de mieux que Chaban à l'élection présidentielle. Cette fois, Jacques Chirac boit la tasse et c'est à la seule bouée Pasqua qu'il va se raccrocher.

Quand il sort la tête de l'eau, Jacques Chirac a la réaction du mouflet dont on aurait cassé le beau jouet. D'ailleurs, on a trop dit qu'il n'était qu'un gamin faisant de la politique comme on joue aux billes. Un petit roquet tenu en laisse par Pierre Juillet et Marie-France Garaud qui arrivent à le faire aboyer quand bon leur semble.

Jacques Chirac décide de sortir de son parc et de remiser sa chaise haute. L'épisode Chaban à l'Assemblée nationale l'avait alerté. Cet appel de Cochin qui a révélé qu'on lui tenait même le stylo, ces résultats déplorables aux européennes lui ont dessillé les yeux. Il faut rompre, même si ça fait mal... Le RPR s'agite. Son état-major ne supporte plus ce couple maudit qui ne gère que ses vengeances personnelles. Et enfin, il y a son épouse Bernadette, qui jusqu'alors s'était toujours défendue d'interférer dans ses affaires politiques, mais qui s'est rendu compte à l'hôpital Cochin à quel point Pierre Juillet et Marie-France Garaud pouvaient le mettre sous perfusion. « Ce sera eux ou ce sera moi, a-t-elle prévenu le soir de la Berezina des élections européennes. Quel que soit le résultat, ces gens s'en iront. Ou bien c'est moi qui partirai. » L'affaire familiale devient une affaire politique que Bernadette Chirac ira jusqu'à exposer quelques semaines plus tard dans un entretien accordé au magazine féminin *Elle* qui fit sourire tous les initiés. « Marie-France, confia-t-elle, c'est une femme très intelligente et pleine de charme, mais elle a beaucoup de mépris pour les gens. Elle les utilise puis elle les jette. Mais elle me prenait pour une parfaite imbécile. Enfin, quelle importance du moment qu'on le sait. Son tort a été de ne pas se méfier aussi de moi. On ne se méfie jamais assez des bonnes femmes. »

En bon Corse, Charles Pasqua, lui, s'en est toujours méfié, des bonnes femmes. Ce crêpage de chignon, hors des salons convenus, auquel il assiste un peu incrédule, le conforte dans ses convictions. Foi de Pasqua, les femmes à la maison! La politique pour lui est d'abord et avant tout une « affaire de mecs », pour ne pas dire plus – comme il dit... !!! Dès le lendemain des élections européennes, Jacques Chirac décide donc de montrer qu'il en a... !!! Les élections ont lieu le 10 juin. Le 11, Pierre Juillet et Marie-France Garaud ne sont plus les conseillers de Jacques Chirac. Dix-sept ans de complicités en tous genres, de bons et mauvais coups, d'intimité sauvage enfuis du jour au lendemain. Pour une fois, Giscard avait vu clair. En 1974, quand il s'installe à l'Elysée, Marie-France Garaud voulait y demeurer. Mais le nouveau président se méfie de « cette intrigante agitée ». A plusieurs reprises, il conseille à Chirac de la mettre à la porte de Matignon, de s'en séparer une bonne fois pour toutes. Il aura fallu ce désastre des européennes et l'ultimatum de Bernadette pour que Jacques coupe enfin le cordon ombilical.

Charles Pasqua sait qu'il est lui aussi dans le viseur. « Nous avons obtenu le départ de Garaud et de Juillet. Nous finirons bien par avoir la peau de Pasqua », a prédit Alain Peyrefitte qui joue au gaulliste vertueux chez Giscard. Ses méthodes ne sont en effet pas du goût de tout le monde. On lui reproche sa politique des chapiteaux, d'avoir caporalisé le RPR, d'avoir à sa botte tous les secrétaires départementaux et de fabriquer toutes les élections internes du mouvement. Fallait-il une preuve ? Elle sera fournie à l'issue du comité central du 20 juin par le député André Fanton qui n'a jamais admis l'embrigadement du RPR. « Le climat dans cette maison, a-t-il protesté quelques jours plus tôt, est épouvantable. Dès que l'on dit quelque chose, on est accusé de toucher de l'argent ou de quémander un poste de ministre. La politique des chapiteaux ne sert à rien.

– Les gens que tu critiques, le reprend Jacques Chirac, ont peut-être fait des erreurs, mais ils m'ont apporté un concours efficace. »

A sa stupéfaction, André Fanton se retrouve distancé, lors de l'élection du bureau politique, par des dizaines de voix en faveur de sans-grade dont on connaît à peine le nom. Il paie le prix de son outrecuidance. André Fanton a les preuves de la magouille et menace de tout révéler à la presse. Immédiatement, Jacques Chirac fait mettre à la porte un des lieutenants de Charles Pasqua, Roland Vernaudon, qui avait la haute main sur le dépouillement des scrutins. Pour ne pas trop attirer l'attention sur ces pratiques, Charles Pasqua n'est officiellement déchargé de son secrétariat national aux fédérations qu'en octobre, à la faveur d'un vaste remaniement qui installe Bernard Pons au secrétariat général, à la place d'Alain Devaquet, un peu trop léger.

Officiellement, Charles Pasqua prend du champ. En réalité, il va avoir du temps pour préparer les semailles de l'élection présidentielle de 1981. D'ailleurs, il ne va pas très loin. Au 6 de la place du Palais-Bourbon, là même où Jacques Chirac avait déposé sa malle après son départ de Matignon en 1976. Marie-France Garaud et Pierre Juillet évincés, il peut revendiquer, enfin seul, le rôle de conseiller occulte, particulier, très particulier. On le croit banni. C'est le contraire. Jacques Chirac plus que jamais compte sur lui. Il n'est plus seulement là pour l'intendance, la mise en scène et l'enrôlement. Tapi dans l'ombre d'un Chirac désarçonné par les élections européennes et qui ne sait plus s'il doit se taire ou s'agiter, Charles Pasqua va troquer son bleu de grand manutentionnaire contre les manches de lustrine de premier conseiller.

« C'est à partir de ce moment, confirme Marie-France Garaud qui continuera toujours de le voir discrètement, que Charles a entrepris une démarche d'acquisition de respectabilité. Avec Pierre Juillet, poursuit-elle, nous avions fini par admettre que Chirac ne serait toujours qu'un adolescent et qu'on ne peut téléguider un président. Sinon, c'est Caligula ! Charles, lui, a choisi délibérément de courir ce risque que nous ne voulions plus prendre. » Marie-France Garaud ira d'ailleurs le signifier elle-même à Jacques Chirac : « Je vous quitte parce que vous êtes le seul homme politique que je connaisse qui soit capable de déclarer la guerre le matin à l'URSS, et l'après-midi aux Etats-Unis et inversement. » Charles Pasqua la laissera dire. Pourquoi ne réussirait-il pas là où elle et Pierre Juillet ont échoué ? Formidable pari !

Charles Pasqua sera alors l'un des premiers à vouloir persuader Jacques Chirac qu'il doit être au rendez-vous de l'élection présidentielle de 1981. Le climat dans la majorité est de plus en plus épouvantable, avec ce Giscard qui se rapproche de ses adversaires en oubliant ses amis. Avec ce Barre à Matignon qui ne lâche pas un pfennig et fait de la provocation au Palais-Bourbon. « C'était la guerre au couteau, se remémore Bernard Pons, alors secrétaire général du RPR. On était complètement tricards. Mais nous étions aussi dans la position des communistes depuis 1981. On était obligés de soutenir le gouvernement et, ce faisant, nous étions les culs-de-jatte de la majorité. » Chaque matin, Charles Pasqua vient regonfler son Jacques : il faut laver ces affronts, en finir avec ce giscardisme insoutenable, prouver à la France entière que le RPR est son plus grand parti et que Chirac est son sauveur.

Edouard Balladur, qui passe de temps en temps prendre le thé à l'Hôtel de Ville, a bien tenté de faire entendre sa voix. « Dès la fin de 1979, se souvient-il, après les deux chocs pétroliers, je pensais que Giscard serait battu. C'est la raison pour laquelle j'avais tenté de convaincre Jacques de ne pas se présenter en 1981. Mais d'autres, à cette époque, parlaient plus fort que moi. »

Charles Pasqua est déjà passé par là. Lui est persuadé que Giscard sera réélu haut la main, et son raisonnement est des plus simples : le RPR doit exister pour se faire respecter. « Si nous ne faisons pas 20 %, affirme-t-il, Giscard nous tordra le cou et la plupart de nos types iront à la soupe. » Jacques Chirac se ralliera sans peine au panache de Charles Pasqua : « On ne peut pas décevoir nos compagnons. Ils ont toujours besoin d'avoir le lait sur le feu. Si je n'y vais pas, Giscard passera au premier tour et il nous assassinera. Il faut le mettre en ballottage pour qu'il tienne enfin compte de nous. » Et puis « son » Charles n'a pas son pareil pour lui chanter aux oreilles la douce musique qu'il aime entendre. « S'il fallait choisir entre l'avenir du RPR et ton installation à l'Elysée, lui susurre-t-il, des trémolos dans la voix, je n'hésiterais pas un instant à sacrifier le mouvement, parce qu'il n'est pas une fin en soi, mais un moyen de conquérir le pouvoir. » A-t-on jamais vu pareille abnégation ?

Dès la fin 1979, Charles Pasqua a donc le quitus et une bonne année pour préparer le terrain, l'opinion et les compagnons. Il se charge de la location de locaux spacieux. L'argent ne manque pas. Un immeuble rue de Tilsitt, à deux pas de l'Arc de triomphe, pour impressionner. Des bureaux au 30, avenue de Messine, pour travailler avec sa petite équipe de prestidigitateurs qui est devenue tout à fait opérationnelle : Jean-Jacques Guillet pour les sondages et les slogans, William Abitbol pour la matière grise, Joël Gali et Dominique Vescovali qui a remplacé Robert Vernaudon pour toutes les tâches discrètes. Selon une règle bien éprouvée depuis, Jacques Chirac fait savoir qu'il observe le silence pour mieux réfléchir sur lui-même et l'état de la France. A charge pour ses lieutenants de commencer à dérouler sous ses pas le tapis rouge.

Bernard Pons s'y attelle en annonçant janvier 1980 « qu'il y aura un candidat gaulliste » à l'élection présidentielle. « Si Chirac ne s'était pas présenté, c'en était fini de notre mouvement » : telle est sa conviction encore aujourd'hui. Deux mois plus tard, le président du groupe RPR à l'Assemblée nationale, Claude Labbé, déclare que ses amis « feront le choix du meilleur candidat pour la France : Jacques Chirac ». Fureur de l'ancien premier Premier ministre du Général, Michel Debré, qui, dès juin, au nom du gaullisme historique et avec le soutien de quarante-trois élus – chiffre symbolique et historique –, annonce que lui aussi sera candidat. Candidature « suscitée » par l'Elysée et financée par le brave et si généreux Marcel Dassault, qui confessera « que ce poulain-là, aussi, aimait le foin ». Marie-France Garaud, assoiffée de vengeance, finira aussi par se porter candidate. Cela n'inquiète pas Charles Pasqua qui, après la campagne, pas rancunier pour deux sous, si l'on peut dire, se chargera d'éponger les dettes de Michel Debré.

Durant toute cette année 1980, Charles Pasqua va commencer à sortir des coulisses. Bernard Pons a donné pour consigne d'éviter de le produire à la télévision, mais le sénateur des Hauts-de-Seine parle, accorde des interviews, anime des déjeuners-débats, le tout sur un seul et unique thème : la chasse au Giscard. Et il ne prend pas du petit calibre. Son entourage porte allégrement le carnier. « Nous ne voulions plus des fausses particules. Ce n'était plus possible », se souvient Joël Gali. « Il est certain, déclare Charles Pasqua dans un entretien au *Quotidien de Paris,* que l'éventuelle réélection de M. Giscard d'Estaing peut constituer un danger pour la démocratie. Tout reposant entre les mains du président, rien n'étant jamais remis en cause, le président lui-même étant sceptique sur la légitimité de son pouvoir, mais le débat d'idées étant escamoté au nom de la primauté de l'intelligence du prince, rien d'étonnant à ce que le système dégénère. » Huit jours plus tard dans *Le Rassemblement franc-comtois,* il fait mine de s'émouvoir un peu plus : « Aujourd'hui, il est triste pour des gaullistes de voir jusqu'où s'est abaissée la France, jusqu'où s'est abaissé l'Etat ; le bilan du septennat est désastreux. Sur le plan des réalisations et de l'avenir, le président de la République actuel a perdu auprès des Français toute crédibilité. »

Ce qui était annoncé à coups de cymbales se produit donc le 3 février 1981. Jacques Chirac fait officiellement acte de candidature : « J'appelle tous ceux qui veulent rester fiers d'être français à se rassembler pour relever les défis du monde qui vient. J'appelle toutes les Françaises et tous les Français à l'ardeur de l'espérance et au sursaut de la volonté. » Sept jours plus tard, il se lance dans une campagne intégralement pilotée depuis la tour de contrôle Pasqua. Il va à nouveau sillonner le pays pour se présenter cette fois comme l'homme de la troisième voie, le seul capable d'incarner « le changement sans risque entre l'aventure de l'incertain et la certitude de l'aventure ».

Mais cette fois, ce n'est plus, comme en 1974, la hantise du péril socialo-communiste qui anime les chiraquiens, c'est une haine irraisonnée de Giscard. Ceux de l'entourage de Charles Pasqua qui ont navigué dans les eaux de l'extrême droite ne seront à cet égard pas les moins entreprenants. Dès la fin 1980, Jean-Jacques Guillet tente de mobiliser sur cette partie extrême de l'échiquier qu'a délaissée Giscard. D'après l'un de ses cavaliers, Jean-Gilles Maliérakis, son message était simple : « Il faut préparer la défaite de ce tordu de Giscard et faire élire Mitterrand, parce qu'il est malade. » La rumeur était née. Par des plaquettes et des affiches à l'époque non identifiables, les tirailleurs pasquaïens vont tenter de déstabiliser un peu plus Giscard, perturbé par l'affaire des diamants et accusé de pactiser avec Moscou. François Mitterrand avait ironisé sur le « petit télégraphiste » et Charles Pasqua ne manque pas de fustiger publiquement ce candidat « qui croit avoir besoin de l'aval de Moscou, du moins de l'abstention des communistes français ». Dans le plus grand secret allait être diffusée à trente-cinq mille exemplaires une petite brochure anonyme avec pour couverture cette accusation : « Giscard, le candidat du Kremlin ». Charles Pasqua a acheté le papier et l'encre. « Je voudrais bien savoir qui la paie », s'était interrogé à la télévision Giscard. Il dut attendre un peu !

Mais Charles Pasqua avait retenu aussi du couple Juillet-Garaud qu'un bon sondage peut faire plus que force et que rage. Ce travail fut exécuté par son spécialiste, Jean-Jacques Guillet, qui, pur hasard, possédait à l'époque son propre institut de sondage, Indice-Opinion. « Si Jacques Chirac est candidat, avait pronostiqué imprudemment Charles Pasqua dès le mois de décembre, il sera présent au second tour de scrutin. Il fera rapidement le trou parce qu'il représente la nouveauté. » Charles Pasqua avait retenu la fameuse leçon des sondages « virtuels ». Tous ses efforts tendront à mettre ses propres sondages en phase avec ses déclarations optimistes. Chaque matin, Charles Pasqua se ruait dans le bureau du candidat Chirac : « Jacques, regarde-moi ces sondages.

– Ce n'est pas vrai. Tu te fous de moi, protestait Chirac.

– Mais ils sont vrais ! » Et Jacques Chirac finissait par prendre ces vessies pasquaïennes pour des lanternes élyséennes. « Si je suis élu, se mettait-il à rêver devant les foules, mon rôle sera avant tout de rassembler. Je suis de ceux qui préfèrent, et de beaucoup, Henri IV à Louis XV. »

« Ce n'est pas l'effet Chirac, c'est l'effet Pasqua, grinçait Marie-France Garaud qui savait évidemment, par expérience, de quoi il retournait. Il y a là, soufflait-elle, une opération qui pourrait être dangereuse. Je conseillerais à Charles Pasqua de méditer sur la fable de la grenouille. » Mais Charles Pasqua n'en avait cure. Dans ce premier grand jumping présidentiel, il fallait doper le cavalier, lui faire sauter les obstacles, casser les pattes du pur-sang Giscard. Casaque RPR, le palefrenier se prenait pour une cravache d'or. A un de ses amis, qui plus tard voulut en avoir le cœur net sur une telle opération d'intoxication dont la première victime fut Jacques Chirac, Charles Pasqua avoua le stratagème : « Je savais que notre campagne était perdue, qu'on ne passerait pas le premier tour. Si je lui avais montré les mauvais sondages, je lui cassais les jambes. Il fallait le garder en selle. C'est ce que j'appelle de la psychologie. »

Mais pour la deuxième fois en deux ans, Jacques Chirac, au premier tour de manège du 26 avril 1981, tombe de son cheval. 17,99 %, c'est mieux que Chaban, mais c'est loin derrière Giscard. Que Michel Debré et Marie-France Garaud n'aient pas atteint à eux deux 3 % n'est qu'une mince consolation. L'équipe Pasqua n'est pourtant pas mécontente. Giscard est à la merci de François Mitterrand. Charles Pasqua, dès le lendemain, a d'ailleurs du mal à tenir sa langue : « Jamais M. François Mitterrand n'aura autant de chances d'être élu que le 10 mai ; le score qu'a fait M. Jacques Chirac est bon et lui permet de tenir les clés de l'avenir. »

Que va faire Chirac entre les deux tours ? Edouard Balladur, qui pressent le pire, vient à nouveau boire le thé pour lui conseiller loyauté et sens des responsabilités : « Nous risquons de passer pour des traîtres, pour des parricides si nous n'apportons pas notre soutien au président. » Charles Pasqua ne partage pas cet avis, estimant que lorsqu'un travail est commencé, il faut le terminer, que, pendant cinq ans, Giscard a été leur bête noire, que les chiraquiens ne peuvent pas le blanchir en quinze jours. Il sera encore une fois écouté. Jacques Chirac va garder en poche les clés du salut de Giscard, qui multiplie les envois de casques bleus en terrain neutre. Le message est limpide : « Si Chirac ne fait pas un geste, Giscard est cuit. » Chirac ne bougera que le bout de son petit doigt. Les Français prendront cela pour un fantastique bras d'honneur. « A titre personnel, fait-il savoir, je ne peux que voter pour M. Giscard d'Estaing. » Après le « oui mais », le « ne que ». Il souhaite encore que les Français « prennent conscience des risques que l'élection de M. Mitterrand ferait courir à la France ». Mais tout le monde ne retient que son soutien du bout des lèvres au président de la République sortant.

De toute façon, dans la coulisse, l'équipe Pasqua n'est pas partie en vacances. A tous ceux qui, comme Jean Lecanuet, accusaient Jacques Chirac, dès décembre 1980, de « rouler pour Mitterrand », Charles Pasqua avait répondu, la main sur son cœur de gaulliste, « qu'il n'y avait aucune négociation d'aucune sorte entre personnes responsables du PS et du RPR ». C'est pourtant lui-même qui, entre ces deux tours, relira et corrigera l'appel aux gaullistes à voter Mitterrand, rédigé par William Abitbol et destiné à paraître sous la signature de Philippe Dechartre, ancien secrétaire d'Etat des gouvernements Pompidou. Dès la naissance du RPR en 1976, Charles Pasqua lui avait fait confier un secrétariat national à l'Action ouvrière et professionnelle. Les deux hommes se connaissent, s'apprécient. Entre Joël Gali et Jean-Jacques Guillet, qui sont les éclaireurs de Charles Pasqua, et Charles Salzmann, qui était le conseiller en images en même temps que le sondeur de François Mitterrand, qu'il suivra dès mai 1981 à l'Elysée, le marché n'aura aucun mal à se conclure. La lettre de Dechartre sera financée par le PS, son expédition assurée par l'équipe Pasqua.

Dominique Vescovali, conseiller à la direction de CII Honeywell Bull, a désormais dans ses machines tout le fichier RPR. Le PS paiera cash un million de francs... Ce qui était généreux.

Le soir du 10 mai 1981, Charles Pasqua et ses lieutenants n'allèrent pas jusqu'à danser à la Bastille. Mais ils sablèrent le champagne. François Mitterrand, imaginaient-ils, ne ferait pas de vieux os. Les communistes le lâcheraient à la première occasion. La France était enfin débarrassée de Giscard. On ne parlait déjà plus de Barre. Chirac avait un boulevard. La droite, toute la droite, rien que la droite s'offrait à lui. Jacques Chirac pourrait devenir grand. Et Charles Pasqua son prophète.

VII

LA FAUTE À EDOUARD

« C'était un ami ! » Il est des imparfaits que la conjugaison du temps n'effacera jamais. Charles Pasqua n'a jamais pu oublier ce « 20 heures » de TF1 du mercredi 10 janvier 1990. Quarante-huit heures plus tôt, il avait confirmé, avec son nouveau compagnon Philippe Séguin, sa volonté de déposer leur propre motion pour les assises RPR de février. Ultime solution, imaginaient-ils, pour ramener ce mouvement sur les rails du gaullisme. « Clapotis », avait tout de suite rétorqué Chirac. Et voilà que ce soir-là, devant des millions de téléspectateurs, le « Grand Jacques » enterrait de cet imparfait définitif plus de quinze ans de complicités nouées dans les cris et chuchotements de la politique.

« C'était un ami. » De longs instants, Charles Pasqua resta affalé dans son grand fauteuil, sonné, affligé. « Chez nous, en Corse, l'entendit-on murmurer, on ne jette pas en quinze secondes une amitié comme celle-là à la poubelle. » Le matin, lors d'une énième réunion de coordination de l'opposition avec les éminences UDF, ils s'étaient salués. Au lieu de l'habituel « Bonjour, Charles », Chirac lui avait lancé un sonore « Bonjour, Pasqua ». Il s'était amusé de cette foucade. Mais en cette soirée d'hiver, il n'avait plus le cœur à rire. Il vivait douloureusement cette rupture. « C'était un ami ! » Jamais il ne se serait permis ces mots. Par pudeur, sans doute, mais aussi parce qu'à cet instant, il ne pouvait s'empêcher de croire encore que cette amitié-là était capable de résister aux coups de glaive politiques.

Lui-même, que n'avait-il enduré depuis plusieurs années, au nom de cette sacro-sainte amitié ? Que de couleuvres avait-il dû avaler, que de vexations avait-il dû dépasser au nom de l'intérêt supérieur du RPR et de son timonier ! Le soir de ces fameuses assises du Bourget du 11 février, il ne voulait pas encore croire à l'irréparable ; mais quand tout fut fini, il dut se faire une raison. Ce fut l'une des rares fois où on le vit au bord des larmes. « Chirac aurait pu tout sauver en montant sur la scène et en nous prenant la main, il ne l'a pas fait. » Son honneur était atteint. Il ne reconnaissait plus celui qu'il avait cru connaître par cœur. La fin de cette amitié était cette fois scellée. Ce n'était pas une page qui se tournait, c'était un livre qui se refermait, qui allait prendre, sur le rayon du malentendu, la poussière la plus collante, celle du dépit.

« Je n'ai pas été suffisamment psychologue », avoue aujourd'hui Jacques Chirac. « C'est le moins que l'on puisse dire ! » répond Charles Pasqua lorsqu'on lui rapporte ces propos. « Je ne me suis pas rendu compte, poursuit Chirac, à quel point Charles avait très mal vécu l'arrivée de Balladur, quelle allergie cela avait suscitée chez lui. » « Allergie » est bien le mot, même si la version de Charles Pasqua est plus policée, c'est-à-dire plus politique. « Tout a commencé à se dégrader à partir de 1983, explique-t-il. Après les élections municipales, Chirac s'est centrisé et on a commencé à jouer comme des savates. » Petite précaution oratoire d'un ministre d'Etat qui ne peut se permettre de dire, lui aussi, que tout ce qui est arrivé est pour beaucoup « de la faute d'Edouard ».

Jusqu'à cette année noire de 1983, Charles Pasqua ne s'était pas méfié. Aucun des faits et gestes de Chirac ne lui étant inconnu, il avait certes eu vent que, de temps à autre, Jacques Chirac revoyait son ancien voisin de palier de la maison Pompidou, mais dans son esprit, ce ne devait être qu'aimables conversations de salon dans le calme du dimanche matin à l'Hôtel de Ville. Imaginer son Jacques qui marche à la canette trinquer avec ce Balladur qui ne manie que le cristal, cela le faisait plutôt sourire. Et puis il s'était renseigné. Marie-France Garaud, qui avait eu à le supporter à l'Elysée, l'avait abondamment affranchi : cet Edouard qui végétait dans le privé, ce n'était pas pour rien qu'elle lui avait trouvé le sobriquet de « Ballamou ». Peu de flair politique, disait-elle, un centriste qui s'ignore, un « dérobard » incapable de se salir les mains. Charles Pasqua saisit vite que si, comme disait Malraux, le gaullisme c'était le métro à six heures du soir, le ticket Balladur n'était pas près d'être valable. Non vraiment, aucune raison de s'inquiéter de ce catholique dévot auquel il donnerait pour le coup le Bon Dieu sans confession.

D'ailleurs, n'était-il pas vrai qu'à chaque fois que ce gentil Edouard s'était risqué à émettre un petit avis, Jacques Chirac l'avait superbement ignoré? Balladur avait trouvé l'appel de Cochin « épouvantable » : il n'a pas reculé. Il avait déconseillé la candidature à la présidentielle de 1981 : il y est allé. Il avait suggéré d'apporter entre les deux tours un soutien sans réserve à ce funeste Giscard; son Jacques a fait le service minimum. Charles Pasqua avait là la preuve par trois que ce bourgeois de province qui lui semblait venir d'une autre planète, ce doux innocent aux mains blanches était loin de lui arriver à la cheville, et cette certitude lui mettait du baume au cœur.

Charles Pasqua se sentait libre, libre d'avancer à sa guise son roi Chirac sur un échiquier de la droite complètement chamboulé par la vague rose de 1981. « Une fois l'hypothèque giscardienne levée, le pays pourra se relever », avait-il prédit. Giscard s'en était retourné dans ses provinces, remâchant dans son désert auvergnat les « trahisons préméditées » de Chirac, qu'il appelait « le Bouffon ». Lessivé par cinq ans de Matignon, Raymond Barre pouvait bien lui aussi dénoncer ceux qui avaient joué « à quitte ou double » avec la République, à force de l'entendre les Français ne l'écoutaient plus. Charles Pasqua était sûr de lui et il en avait convaincu Jacques Chirac : c'est lui, eux, les compagnons, le RPR, qui sortiraient grands vainqueurs des élections législatives de ce mois de juin 1981.

« Vous verrez, allait partout répétant Jacques Chirac devant ses interlocuteurs ahuris, les Français ne voudront pas mettre tous leurs œufs dans le même panier. Nous gagnerons haut la main ces législatives. » L'histoire a retenu que la droite devait y perdre encore un peu plus pied. Malgré l'avis de Giscard et de Barre, l'UDF avait fini par accepter d'aller à cette bataille sous le sigle commun et provocant d'« Union pour une nouvelle majorité ». Une farce peu prisée par les électeurs. Le 20 juin au soir, le vote utile fit des ravages. Deux cent quatre-vingt-cinq sièges pour la gauche : François Mitterrand obtenait un blanc-seing. Le RPR revint avec quatre-vingt-huit élus au lieu de cent cinquante-cinq, l'UDF en préserva soixante-deux dans un groupe ratiboisé de moitié.

La grenade que Charles Pasqua avait dégoupillée lui avait explosé dans les mains. A mots couverts, certains dans l'entourage de Chirac commencèrent à mettre en doute les qualités de cet artificier qui se mélangeait les mèches. Edouard Balladur fut de ceux-là. Jacques Chirac, confia-t-il, avait vraiment grand tort de remettre son destin politique dans les mains sales d'un si piètre contremaître : « Je n'ai pas beaucoup de considération pour le sens politique de gens comme Pasqua, il me semble même nul. Ils se sont imaginé qu'ils auraient la peau de Giscard et que les Français seraient tellement terrifiés d'avoir porté au pouvoir Mitterrand qu'ils se jetteraient ensuite aux législatives dans les bras de la droite. Ils n'avaient rien compris à nos institutions. »

Mais Charles Pasqua n'a que faire de ces remontrances de boudoir qui lui reviennent aux oreilles. Il a d'autres chats socialistes à fouetter. L'essentiel est que Jacques Chirac soit sur la même ligne que lui pour partir à l'assaut du socialisme galopant. Foin des nuances. En visite en Nouvelle-Calédonie, Jacques Chirac a bien expliqué que cette expérience ne durerait pas. Cinq sur cinq. Charles Pasqua le dit et le fait répéter : François Mitterrand n'est pas en bonne santé. A la première occasion, les communistes prendront la tangente. Si l'opposition ne fait pas de conneries, pour parodier une autre phrase fameuse du compagnon Peyrefitte, la droite aura eu à peine le temps de se retourner qu'elle n'aura qu'à se baisser pour ramasser le pouvoir. Propulsé président du groupe RPR au Sénat en octobre, en décembre de cette fin 1981, Charles Pasqua ne veut pas « s'emmerder » au Luxembourg. Avec Giscard, il fallait mettre quand même des gants. Cette fois, il peut y aller à mains nues et de bon cœur.

Mobiliser les hommes, faire de l'agitation, de la propagande comme en 44 à Grasse, comme en 58 à Marseille, comme en 68 sur les Champs-Elysées, l'histoire, estime-t-il, repasse toujours le même plat de résistance. Il en appelle à nouveau à cette résistance. Le 9 décembre 1981, il lance son association « Solidarité et liberté », mouvement, annonce-t-il en bombant le torse, « ferme et résolu, rassemblant tous ceux qui refusent le socialisme et veulent agir ». Parmi les premiers signataires, son ami Jacques Médecin, maire de Nice, qui imagine déjà sa promenade des Anglais envahie par les chars russes, l'ancien député d'Alger, ex-OAS, ex-SAC, Pierre Lagaillarde, prêt à dresser de nouvelles barricades, et François Bachelot, secrétaire général de la Chambre des professions libérales, qui deviendra en 1986 député du Front national. Pour les travaux d'écriture, son ami le journaliste Jean Cau. A la trésorerie, le « Monsieur Elections » du RPR, Dominique Vescovali. Au secrétariat administratif, Gérard Ecorcheville, ancien militant d'Occident, promu secrétaire national du RPR à la formation professionnelle.

Tout ce petit monde prétend mettre en place un contre-pouvoir pour s'opposer à l'emprise des parvenus socialistes sur les syndicats, sur l'information. Les idées fusent : création d'un haut conseil des libertés pour enregistrer les plaintes des citoyens, création d'un observatoire économique et social pour rétablir les vrais chiffres ! Charles Pasqua met la pression. Le RPR a donné sa bénédiction du bout des doigts, car ce projet agace, inquiète ceux qui croient voir naître un petit frère du SAC. Qu'importe, pense secrètement son promoteur, si Jacques Chirac est tenté de mollir, j'aurai en main l'aiguillon qui le stimulera dans les côtes. Bernard Pons, le secrétaire général du mouvement, reconnaît publiquement que cette initiative aura le mérite de « réveiller ceux qui ont tendance à s'endormir et ceux qui sont inquiets ». Les adhésions rentrent et, au 63 du boulevard des Batignolles, le siège de cette association devient le réceptacle généreux de toutes les rumeurs et machinations.

Pourtant, cette association si redoutablement performante ne vivra que le temps de deux saisons. Le 22 avril 1982, un attentat à la voiture piégée se produit devant un journal arabe, rue Marbeuf, près des Champs-Elysées. Aussitôt, « Solidarité et liberté » appelle à un rassemblement sur place pour le 3 mai. « Peu à peu, dénonce Charles Pasqua, des groupes terroristes s'installent dans notre pays comme chez eux et la France risque de devenir le terrain naturel de leurs règlements de comptes. Comment en serait-il autrement alors que le gouvernement apporte sa caution à des mouvements qui dans d'autres pays ont choisi comme moyen d'action la violence ? » Deux mille manifestants se retrouvent encadrés par un service d'ordre de « crânes rasés » et de jeunes revendiquant leur appartenance au vieux parti du Centre national indépendant et paysan auquel s'intéresse un autre proche de Charles Pasqua, Alain Robert. « Mitterrand démission » était le slogan le plus aimable. « Badinter moisissure ! » « Defferre à l'hospice, le vieux porc à Marseille ! » Ces proclamations peu consensuelles firent, le soir, le tour de toutes les radios et télés.

Le spectacle était navrant. L'Elysée s'en émut auprès de Jacques Chirac. Edouard Balladur tout autant. Par tempérament, par son culte du consensus et sa passion des institutions, il ne supporte pas ce genre de bravades, de provocations, et de manipulations. « Certains réclament déjà le départ de Mitterrand. Si on les laisse faire, s'en va-t-il expliquer à l'Hôtel de Ville, les prochaines élections vont se transformer en épreuve de force. » Cette fois, Chirac l'entend et l'écoute. Charles Pasqua a compris que son tir était allé trop loin, qu'un sénateur qui se respectait était fait pour le fleuret et non pour le bazooka. Il décide sans tambour ni trompette de saborder son association; mais trop tard, pour la première fois Jacques Chirac met en doute la sagacité politique de son fidèle parmi les fidèles.

Quelques semaines plus tôt, il s'était déjà méfié. Début janvier 1982 est retrouvé assassiné dans son garage à Paris Marcel Francisci, ancien conseiller général RPR, résistant, ami d'Alexandre Sanguinetti, mais surtout propriétaire à Paris du cercle de jeu Haussmann, rue de la Michodière. Une autre affaire, à l'époque, continue aussi de faire parler d'elle : le suicide de René Lucet, directeur de la caisse d'assurance-maladie des Bouches-du-Rhône, ancien élu local RPR. A l'appel de « Solidarité et liberté », trois mille personnes vont transformer ses obsèques en manifestation de protestation contre les socialistes des Bouches-du-Rhône, accusés d'avoir pratiqué sur celui qu'on porte en terre « une véritable chasse aux sorcières ». Le ministre de l'Intérieur Gaston Defferre est furieux. L'assassinat de Francisci lui offre l'occasion de répliquer. De la tribune de l'Assemblée nationale, le maire de Marseille dénonce les protections coupables dont bénéficiait, moyennant finance, « ce grand truand qui n'a jamais été pris » auprès de M. Chirac, M. Pons et M. Pasqua. Celui-ci est seul à savoir que Gaston Defferre a en sa possession une lettre qu'il lui avait adressée le 8 juillet 1981 pour lui demander de bien vouloir reconsidérer la suspension d'autorisation de jeu notifiée au cercle Francisci. « Qu'est-ce qui t'a pris d'envoyer cette lettre ? lui demande Jacques Chirac.

– Ce n'est pas la chose la plus intelligente que j'aie faite, mais je ne pouvais pas refuser ça à un médaillé de la Résistance », répond, penaud, Charles Pasqua. Quoi qu'il en soit, il tient à porter plainte contre Gaston Defferre pour diffamation. Patrick Devedjian, son avocat, est requis. Mais Chirac traîne les pieds et finit par lui conseiller d'aller prendre l'avis d'Edouard Balladur qui donnera son accord.

Gaston Defferre fera des excuses publiques, prétextant avoir mal lu ce jour-là ses notes pour cause de panne de lunettes... Charles Pasqua l'en tiendra quitte, mais cette affaire du cercle Haussmann avait montré qu'à la loterie Chirac, la roue tournait de plus en plus en faveur d'Edouard. Après les municipales de 1983, qui avaient été un succès prometteur pour la droite et à Paris pour un Jacques Chirac qu'un mauvais projet PLM avait voulu déstabiliser, l'adoubement d'Edouard Balladur devint une évidence pour tous ceux qui naviguaient entre la rue de Lille et l'Hôtel de Ville. On ne le voit jamais, car il refuse de partager et de perdre son temps dans les jeux de cour. Mais on sait qu'il est là, veillant et bienveillant, amendant les discours, corrigeant les excès, imposant ses sentences, distillant conseils et bonnes manières au travers de l'alambic précieux de son pompidolisme actif. Comme il s'ennuyait beaucoup dans l'entreprise, ce rôle de l'ombre devient son passe-temps favori.

« Il faut toujours être du côté de la raison, et si constamment que ni la passion vulgaire, ni aucune violence tyrannique ne fasse jamais abandonner son parti, enseignait Baltasar Gracián dans son *Art de la prudence*. Mais où trouvera-t-on ce phénix ? » s'interrogeait-il. Chirac, en cette année 1983, pense l'avoir trouvé. Avec Charles, il avait un Fouché à accent. Avec Edouard, il hérite d'un Talleyrand qui ne boite pas. Pas la même façon de se tenir à table. Pas le même style pour déguster le cognac à la fin du « souper ». « Chez vous, les Talleyrand, s'amusait Fouché, on parlait du cognac auquel on n'avait pas touché. Chez nous on buvait justement parce qu'on n'avait rien à dire. » Charles, c'est Trouville. Edouard, c'est Deauville. Charles taille son humour à la serpe. Edouard déguste le sien sur canapé anglais. Charles prétend que « la politique, ça se fait à coups de pied dans les couilles ». Edouard, qui ne connaît pas ces mots, entend solliciter l'« intellect ».

En l'asseyant à sa table, Chirac a l'impression de retrouver son monde, ses convenances et ses réserves. Avec Charles, il s'encanaillait. Avec Edouard, il retrouve une éducation. Le premier, en jurant, le poussait constamment au galop. Le second, haut-de-forme et gants blancs, se contente de longues séances de dressage. Jacques redécouvre Edouard. En lui donnant un rond de serviette doré à ses initiales, il a le secret contentement de fleurir chaque jour la tombe de leur père commun en politique, Georges Pompidou. Et surtout, le retour de ce grand frère prodigue est une bénédiction. Depuis des semaines, ses conseillers en marketing, qui en ont remplacé d'autres avant d'être eux-mêmes congédiés, ne cessent de l'enjoindre de changer son image. De se défaire de cette étiquette de « Facho Chirac ». De montrer qu'il est nature. Qu'il prend son temps. Qu'il goûte la culture comme la confiture. Qu'on nous l'a changé. Bref, que le nouveau Chirac, après ces vendanges prometteuses des municipales de 1983, est arrivé. « Faites cool, faites cool », lui serinent, à longueur de ces séances de coulisses du destin, les dispenseurs d'image. Le bon sens et la pondération d'Edouard tombent à pic.

Charles Pasqua va ressentir douloureusement cette façon maladroite qu'a Chirac de le remettre au bout de la table. Ainsi on veut lui faire comprendre qu'il ne sera jamais de ce monde-là, alors qu'il n'a de cesse, dans son nouveau costume de sénateur, qu'il ne se soit coulé enfin dans l'étoffe de la respectabilité, fondu dans les ors de la République. Pour Chirac, Charles redevenait le Charlie qui, comme il dit, « boit le pastis avec tout le monde ». « Il n'a pas compris alors, rapportent ceux qui assistaient à ce changement brutal du plan de table, qu'il avait à côté de lui autre chose qu'un apparatchik. Il le considérait à nouveau comme l'employé de la maison. »

Ainsi lui signifiait-on qu'il était là pour faire marcher au pas un RPR qui commençait à tirer bénéfice de son antisocialisme primaire, et non point invité à élaborer les grandes stratégies. Enfin, ce Balladur ne pouvait pas être autre chose aux yeux de Charles Pasqua que la caricature provocante de ce pompidolisme à la Rothschild sur lequel il avait fait une croix quinze ans plus tôt. Le côté peuple d'un Chirac, nourri le week-end à la charcuterie corrézienne, lui avait fait oublier cet antécédent. Avec Balladur, c'était le retour d'une « droite caviar » qu'il ne digérait point. « A ce moment-là, confirment ses proches, Pasqua a haï Balladur, ulcéré qu'il puisse être le gourou de Chirac. » Il pouvait méditer ce mot de La Bruyère : « L'on voit des hommes tomber d'une haute fortune par les mêmes défauts qui les y avaient fait monter. »

Par fierté, pensant peut-être encore, connaissant le bonhomme, que ce coup de foudre pour Edouard pouvait passer à Chirac aussi vite qu'il lui était venu, Charles Pasqua a tout fait pour ne jamais rien laisser paraître de son dépit et de son amertume. Rira bien qui rira le dernier, pensait-il, certain qu'un jour Chirac lui rendrait justice et viendrait solliciter son pardon pour tant d'offenses. Il servirait donc comme il savait le faire, avec ses méthodes et ses talents. Il s'était promis de faire de Chirac un président, de hisser les couleurs du RPR en haut du grand mât de la France. Il voulait continuer d'y croire. La postérité saurait lui rendre grâce.

Mais quand il se déboutonnait auprès des siens, il n'épargnait pas ce Balladur suintant de suffisance dans son nouveau rôle de grand chambellan. « Ce Balladur, l'entendait-on dire, il ne sait pas faire de politique. C'est un analphabète. » Pour surmonter ce dépit, il prit parfois le parti d'en rire. Les efforts de Chirac pour montrer la profondeur de sa culture, révéler sa passion pour les Aztèques, Boulez et Confucius lui semblaient sympathiques et parfois pathétiques. Ils lui procurèrent en tout cas l'occasion de s'adonner à un jeu dont la règle était connue du seul entourage : multiplier dans ses discours les citations oiseuses faussement attribuées au même Confucius ou à d'autres auteurs qui avaient de quoi impressionner. D'une phrase que lui avait lancée un jour Marie-France Garaud, il fit par exemple un proverbe persan qui, depuis, a fait fortune : « Les promesses n'engagent que ceux qui les reçoivent. » Il y avait les inévitables : « Le pire n'est pas toujours sûr », ou ce proverbe prétendument africain qui ne voulait rien dire : « Quand le tigre voit le singe, le singe a envie de partir. » Ce jeu ne s'est jamais arrêté : « Et, monsieur le ministre, l'entendit-on un jour conclure au Sénat, comme le dit le poète arabe, si tu ne veux pas qu'on te traite comme une carpette, ne te fais pas piétiner. »

D'autres maximes de son cru gardèrent heureusement plus de confidentialité. « Si tu te lèves le matin, tu regardes le soleil, tu vas pour pisser et tu as trois couilles, dis-toi que la situation est grave. » Quand, pour détendre l'atmosphère, le nouveau penseur sortait ces dernières réflexions à Jacques Chirac, Edouard Balladur ne disait rien, mais n'en pensait pas moins. « Qu'est-ce que c'est que ce type, s'interrogea-t-il un jour où le Charles s'était montré particulièrement en verve, qui ne peut pas passer une heure sans être vulgaire ? »

Charles Pasqua a beau vouloir provoquer la rigolade, c'est Edouard Balladur qui, de plus en plus, s'occupe des choses sérieuses. En en référant seulement à Jacques Chirac, il fait son premier coup d'éclat public en publiant dans *Le Monde* du 16 septembre 1983 une longue tribune défendant les mérites constitutionnels d'une cohabitation entre un président de gauche et une majorité de droite, si jamais RPR et UDF venaient à l'emporter aux élections législatives dans trois ans. Cette cohabitation serait viable, soutient-il, à condition, précise-t-il cependant, « que chacun accepte d'être quelque peu empêché dans la liberté de ses mouvements et de ses choix et de ne pas appliquer tout de suite tous ses projets ». L'essentiel, conclut-il, est de ne pas encourir le risque de faire imploser un régime qui « assure à la fois la liberté pour les citoyens et l'autorité pour le pouvoir ».

Les Français, à compter de ce jour et de cette tribune-là, apprendront à conjuguer à tous les temps le verbe « cohabiter ». On rapporte que, lorsqu'on évoqua un jour devant lui pareille éventualité, le général de Gaulle trouva l'hypothèse « cocasse ». Mais en réactualisant cette thèse, Edouard Balladur savait qu'il ne contrevenait nullement aux interprétations des deux successeurs du Général, Georges Pompidou et Valéry Giscard d'Estaing, qui tous deux avaient publiquement envisagé cette possibilité en expliquant qu'ils ne se déroberaient pas.

Ce papier dans *Le Monde* avait aussi l'immense avantage de donner à Jacques Chirac une feuille de route claire, précise et sans rature pour les trois années à venir, ce qui ne lui était jamais arrivé. Edouard Balladur le convainquit vite que si la droite emportait ces élections législatives, il devrait se poser comme son chef de file naturel et, dès lors, accepter de retourner à Matignon, puisque de toute façon ce ne pouvait pas être pis qu'avec Giscard. C'était aussi, ajoutait-il, une bonne occasion de montrer aux Français que l'intérêt supérieur du pays passait maintenant avant son intérêt particulier. La chose fut convenue mais pendant tout le temps qui suivit, Jacques Chirac fit mine d'avoir d'autres soucis en tête. « Je n'ai aucune intention, cela doit être clair, déclarait-il encore en mai 1985 sur RTL, d'assumer les fonctions de Premier ministre de Mitterrand et je n'ai aucune vocation à le faire. » Pieux mensonge. « Qui ne sait dissimuler ne sait régner », disait Louis XI. Chirac, pour le coup, se fit plus royaliste que ce dauphin-là.

Quand Edouard Balladur vient plaider cette défense et illustration de la cohabitation, il peut y voir aussi une manière de couper l'herbe sous le pied d'une partie du RPR qui, dans le sillage de Charles Pasqua, a commencé à jouer la déstabilisation du régime socialiste. François Mitterrand devait finir dans la rue et voilà qu'on vient de lui proposer de demeurer quoi qu'il advienne pendant sept ans. Pourtant Charles Pasqua se résoudra vite à ce choix qu'il sait inéluctable, quitte à renier ses promesses de terrasser coûte que coûte l'hydre socialo-marxiste. « En finir une fois pour toutes avec le socialisme sous toutes ses formes » : tel avait toujours été, depuis la déferlante rose de 1981, son credo. Il s'en était fait une spécialité, traitant encore, durant l'été 1984 qui avait vu l'avènement de Laurent Fabius à Matignon, de « zozos » ceux qui, dans les rangs de l'opposition, s'enhardissaient à afficher quelque sympathie pour le tout jeune Premier ministre de la France. « Notre ambition, assenait-il, n'est pas de se compromettre avec le pouvoir ni de l'aider. »

Mais la raison et Balladur commandaient. « J'ai toujours pensé que la cohabitation est un système hybride, affirme-t-il aujourd'hui. Mais Balladur était avant tout légitimiste. Chirac avait tranché en sa faveur, il était inutile d'en rajouter. » La raison a un prénom et un nom : Raymond Barre. En cette année

1983, le cher professeur, qu'on croyait retourné à ses chères études lyonnaises, commence à gagner sur tous les tableaux de la droite et du centre. Ses cinq années à Matignon sont jugées avec bienveillance. Il réussit la gageure d'apparaître comme un homme neuf, capable de départager une fois pour toutes un Giscard qui, lui aussi, a quelques fourmis dans les jambes et un Chirac qui, jusque-là, a semblé constamment hésiter, devant la monture socialiste, entre la carotte et le bâton. Le phénomène Barre est né.

Jacques Chirac, qui pensait avoir le champ libre, doit de plus en plus composer avec ce Monsieur Jourdain de la politique qui avance en musardant et en se bidonnant. Les centristes ont trouvé leur grand prêtre et certains gaullistes commencent à s'intéresser à cet ancien Premier ministre qui invoque le Général à tout bout de champ pour s'ébattre au-dessus des partis. C'est lui le premier qui, avant cet été 1983, lancera le débat sur la cohabitation. Appelant justement à la rescousse de Gaulle, il met en garde l'opposition qui, à l'entendre, ne saurait accepter de cohabiter avec François Mitterrand sans vendre durablement son âme. Un long feuilleton commence qui souvent passera largement au-dessus de la tête du Français moyen. Raymond Barre prodigue ses leçons de gaullisme à des centristes bouche bée. Jacques Chirac et le RPR répètent sans se lasser que l'important, en 1986, est de gagner et que ses hommes se chargeront d'imposer au chef de l'Etat une cohabitation sans compromis. Dialogue de sourds qui, jusqu'à la veille des élections législatives, semblera profiter à un Raymond Barre au firmament des sondages. L'ancien Premier ministre raconte même que, bon prince, il fera l'effort de se rendre jusqu'à l'Hôtel de Ville de Paris pour persuader Chirac de ne pas s'engager dans cette aventure de la cohabitation. « J'ai tenté de le dissuader. " Vous vous ferez rouler dans la farine ", lui ai-je dit. Il ne m'a pas entendu. Il m'a toujours considéré comme le diable. Mais je savais que cette cohabitation ne marcherait pas. Chirac est super-respectueux de la fonction du président, c'est son reliquat de pompidolisme. Mais dès qu'il est sorti de l'Elysée, on ne le tient plus. »

Pas surprenant, en tout cas, si Charles Pasqua a eu, à compter de ce moment-là, Barre posant en consultant du gaullisme dans l'œil de son viseur. Car si leur patron a baissé d'un cran dans la hiérarchie chiraquienne, ses équipes continuent d'œuvrer, selon leurs bonnes vieilles méthodes, sans en référer à quiconque, et surtout pas à Balladur qui n'y comprend rien. Sur la place publique, Charles Pasqua polémique suivant une partition convenue avec ce Barre qu'il n'a jamais vénéré. « Moi, résuma-t-il une fois, je ne suis pas de ces théoriciens qui croient que l'on peut régler les problèmes de la France depuis une chaire professorale, fût-elle d'économie. J'ai beaucoup de respect pour les universitaires. Mais la sûreté d'esprit avec laquelle M. Barre se déclare prêt à continuer d'expérimenter ses théories aux frais d'autrui ne laisse pas de m'inquiéter. »

Côté cour, ses fidèles, comme pour déstabiliser Giscard en 1981, refont tourner les imprimeries secrètes pour éditer au prix unitaire de quinze francs une brochure présentant l' « autre visage de Raymond Barre ». Avec tout ce qui n'a jamais été écrit sur le passé de son épouse..., son attitude pendant la guerre, son appartenance à la nébuleuse « Trilatérale » et ses complaisances à l'égard de Moscou. Le sénateur Pasqua est repris par ses plaisirs favoris. Mais, cette fois, ni Chirac ni Balladur ne le condamneront publiquement. Au fur et à mesure que les législatives de 1986 approchent, l'un et l'autre sont censés ne s'occuper que de la victoire annoncée et de l'emménagement à Matignon. Il faut endormir Giscard, revenu du diable Vauvert plus vite que ne l'imaginait le RPR. Garder un œil sur l'inusable Chaban, un autre sur l'immaîtrisable Simone Veil. Monnayer avec les jeunes sabras du PR et de la « bande à Léo », qui ont le sens aigu du concret, leur participation au futur gouvernement de cohabitation. Tenter enfin de décrocher quelques moules centristes du rocher Barre pour qu'ainsi toute la droite soit mouillée dans cette nouvelle aventure. Vaste programme.

Sans barguigner, Charles Pasqua accepte toutes ces besognes pas toujours gratifiantes, mais souvent efficaces. « En 1986, témoigne Chaban, Chirac et Pasqua ont tout fait pour m'empêcher de revenir à Matignon, avec la complicité de la " bande à Léo ". Léotard était venu me voir en secret deux mois avant les élections législatives. L'entrevue n'a duré que trois quarts d'heure. J'ai un peu gratouillé sur des sujets comme la défense, la culture. Il était translucide. Lui attendait que nous parlions de la répartition des portefeuilles. Je ne lui en ai pas touché un mot. Je savais qu'aussitôt après, il se précipiterait en face. Il a fait affaire avec Chirac. Mitterrand m'avait demandé : " Est-ce que tu as la main pleine ? " Je savais que, comme Simone Veil, il me manquerait quinze ou seize voix pour faire une majorité. » Comme Barre, Chaban tentera à son tour de dissuader Chirac de se jeter dans le piège de la cohabitation. « Si vous êtes Premier ministre, suis-je allé lui dire, vous allez être en présence d'un Mitterrand qui, tous les matins, jouera la coupe du monde de football, tandis que vous, vous jouerez la coupe de France. Vous serez mangé. Les Français sont légitimistes. »

Chirac ne voudra rien entendre de ces « jaloux ». Trop tard, impossible de faire machine arrière.

Barre est trop haut dans les sondages et, depuis décembre 1984, la plate-forme commune RPR-UDF, qu'il faudra vendre aux électeurs, est en chantier. Charles Pasqua a toujours été plus fort pour gérer les idées que pour les penser. On peut en dire autant de Jacques Chirac. Edouard Balladur n'aura aucune difficulté à garder la haute main sur ce travail de haute volée. Et, une fois encore, le RPR va se renier, se contredire, rebâtir. Sous Giscard, il avait dénoncé la dérive libérale avant de s'en prendre à sa dérive étatiste, pour finir par ne plus supporter son dirigisme étatique et son libéralisme culturel. « J'ai fait une belle ânerie, concéda Jacques Chirac, le jour où j'ai parlé du travaillisme à la française. » Avec Edouard Balladur, le RPR prend complètement à front renversé le tournant du libéralisme économique et, si l'on peut dire, de l'ordre moral. Sur le terrain économique, on défend le principe de l'Etat « garant et non gérant ». On veut déplanifier, déréglementer, dénationaliser, débureaucratiser, mais on se plaint de l'absence de l'Etat quand il s'agit de sécurité, d'immigration. D'un côté, le RPR, inspiré cette fois par Reagan, entretient à son tour le culte du libéralisme avancé ; de l'autre, il trouve les accents les plus conservateurs pour tenter d'endiguer la montée du Front national. Les grands principes gaullistes sont bien loin.

Charles Pasqua commence à s'en émouvoir mais personne n'y prête trop attention. Dans son premier livre paru en 1985 au titre éminemment gaullien, *L'Ardeur nouvelle*, il met en garde : « Le pays attend autre chose que des réponses purement économiques et techniques aux difficultés de l'heure. Il cherche des raisons de croire à nouveau en son destin. Il aspire à retrouver un grand dessein, une grande ambition, une grande espérance. A nous, gaullistes, de provoquer ce sursaut d'enthousiasme et de foi qui permettra le rassemblement des Français et le redressement de la France. » Huit ans plus tard, il réitérera presque mot pour mot son appel. Mais en cette fin d'année 1985, on le sait suffisamment fidèle pour ne pas mettre le feu dans les étages.

Car, pour ce qui est de la grande maison RPR, elle va bien, très bien. Charles Pasqua sait que son travail de prospection, de sélection et de consolidation a porté ses fruits. Avec ses hommes aux manettes les plus utiles, avec son discours de militant intégriste contre le socialisme, il se rend bien compte qu'il est devenu le « chouchou » des compagnons et cela, le bon Edouard n'est pas prêt de pouvoir le lui disputer. La machine RPR fonctionne et fort bien! Les barons se sont éteints. Au Sénat, le « groupe Pasqua » est le plus dynamique. L'entreprise RPR rajeunit et prospère dans tout le territoire. Aux élections cantonales de 1982, elle a multiplié par deux ses conseillers généraux. Depuis les municipales de 1983, elle gère trente-cinq villes de plus de trente mille habitants au lieu de quinze, la moitié de ses maires ont moins de quarante-cinq ans. Charles Pasqua a au moins la conviction intime de n'avoir pas démérité et de pouvoir solliciter une juste récompense. La victoire de l'opposition aux législatives est assurée. Entrer au gouvernement à soixante et un ans, qui aurait suffisamment de courage et d'abnégation pour le refuser?

VIII

SOUS LE BALCON DE LE PEN

Lorsque, le 20 mars 1986, il dépose son petit paquetage place Beauvau, Charles Pasqua peut éprouver un légitime sentiment de fierté. Le fils de l'agent de police de Grasse, assis là derrière le bureau de Cambacérès, ne peut que mesurer en silence le chemin parcouru entre l'anisette de la Méditerranée et les ors de la rive droite de la Seine. Charles ministre! Représentant... du gouvernement! Plaisir sans doute intense mais qui sera bref. Deux heures plus tard, le voici plongé déjà, si l'on peut dire, dans le vif du sujet. Une bombe a ravagé, à l'heure des cinémas, une galerie marchande des Champs-Elysées. Les terroristes fêtent, à leur façon, son arrivée au ministère de l'Intérieur.

Quatre jours plus tôt, les élections législatives, après cinq ans de disette, ont donné la victoire au camp libéral de l'attelage RPR-UDF. Une victoire certes plus courte – trois sièges d'avance – que les sondages ne l'annonçaient, mais l'essentiel est que cet attelage-là peut se dispenser du marchepied du Front national qui, pour la première fois, entre à l'Assemblée. La première cohabitation de la Ve République peut commencer. Mitterrand au balcon et Chirac à Matignon! Selon une partition depuis plusieurs mois écrite, le maire de Paris, avec son premier violon Balladur, a déjà verrouillé l'orchestre. Chaban et Simone Veil, qui avaient toujours gardé un œil sur la baguette, sont restés au fond de la fosse. Sur scène ont été priés de monter les compagnons les plus éminents derrière les gros pupitres, les voltigeurs mercenaires de la « bande à Léo » à la batterie et les centristes barristes derrière les cordes !

Charles Pasqua n'ignore évidemment rien de toute cette composition. Aux côtés de Jacques Chirac qui contrôle l'entreprise de son repaire de l'Hôtel de Ville, il a été bien sûr de toutes les tractations, de toutes les combines, de toutes ces petites histoires qui, toujours dans ce genre d'épisodes, en disent long sur les petites ambitions. Mais, encore une fois, à son rang : à côté de Jacques, mais derrière Edouard, seul habilité à garder le contact avec l'Elysée. « Monsieur » Balladur est partout, veille à tout, enregistre tout, prépare tout. Le concepteur en chef de la cohabitation manie, dans ce nouveau laboratoire de la République, les plus fragiles éprouvettes, parmi lesquelles « le Charles », avec ses manières rustres, serait un éléphant dans un magasin de porcelaine. Charles Pasqua s'est habitué à cette ombre satinée de Balladur, mais ce n'est pas pour autant qu'il l'admet. Chirac, pense-t-il en secret, fait « une connerie » en lui conférant le seul titre, dans ce gouvernement, de « ministre d'Etat ». Connaissant son Jacques, il devine que le véritable pouvoir de décision se trouvera, non pas à Matignon, mais dans le palais du Louvre qui abrite encore, en ces années-là, la citadelle de l'Economie et des Finances.

Charles Pasqua voit juste. Avec sa chaise à porteurs garée dans la cour, Edouard Balladur va s'y ébrouer, veillant à ce que tous les lustres soient rallumés dans ce décor d'un autre siècle qui ne pouvait être que le sien! Celui qu'on nc tardera pas à appeler « le vice-premier ministre » y prendra vite ses habitudes et ses travers. Ce sera la période Grand Siècle d'un balladurisme naissant qui n'a pas encore découvert le catalogue Ikea. Charles Pasqua s'en amusera souvent, mais au moment de la composition de ce gouvernement, il doit supporter d'autres vexations.

Il sait que son arrivée au ministère de l'Intérieur, poste que lui avait laissé espérer depuis un bail Jacques Chirac, fait peur. Il a trop la « gueule » de l'emploi, il a aussi trop bataillé à l'arme lourde, depuis 1981, avec la gauche, sur le thème de la sécurité à tous crins, pour être vraiment surpris. Les socialistes sont déjà, casque sur la tête, derrière les sacs de sable des droits de l'homme.

A droite aussi, certains se pincent le nez à l'idée de voir s'installer dans les meubles de Beauvau « Charles la Menace », le vétéran du SAC, le compagnon des réseaux louches et des coups tordus. Pressenti déjà pour devenir garde des Sceaux, le patron des centristes, Pierre Méhaignerie, refuse de s'exposer à un tel voisinage. « Moi, avait glissé perfidement François Mitterrand à Jacques Chirac, venu lui remettre la composition de son équipe, je n'aurai pas de problèmes avec lui, mais vous ? »

Charles Pasqua sait qu'Edouard Balladur est, pour son cas personnel, sur la même longueur d'onde que l'Elysée. Le futur ministre d'Etat voulait une cohabitation à l'anglaise, distinguée et courtoise; à maintes reprises, il attirera l'attention de « Jacques » sur les risques de dérapage pris en propulsant ce Charles, qui n'est pas de la meilleure condition, à un poste si exposé.

Jacques Chirac entend tout cela, mais ne peut reprendre sa parole. Ce serait miner définitivement une amitié avec un Charles Pasqua dont il ne peut absolument se passer pour les grandes échéances à venir. A l'heure où les vagues de terrorisme frappent la France, où les thèmes de la sécurité et de l'immigration deviennent les questions brûlantes du débat politique entre la gauche et la droite, où l'on devine que la prochaine campagne présidentielle n'évitera pas non plus ces débats, le nouveau Premier ministre présidentiable qui s'installe à Matignon ne peut se rétracter. Charles Pasqua a les réseaux, le discours, le képi et la matraque. Les vrais obsédés de la sécurité, les malades de l'immigration l'attendent, les compagnons le veulent. Impossible, oui, vraiment impossible de contenter Balladur. Jacques Chirac, pour cette fois, ne l'écoutera pas. Si ce n'est pas son Fouché, il en fera au pire son Marcellin, au mieux son Ponia!

Charles Pasqua put penser être quitte jusqu'au moment où se confirma la nomination à ses côtés d'un ministre délégué à la police qu'il ne voulait pas. Robert Pandraud, tout juste élu député de Seine-Saint-Denis, directeur de cabinet de Jacques Chirac à l'Hôtel de Ville de Paris, mais surtout, surtout, ancien directeur de cabinet des anciens ministres de l'Intérieur Chirac et Poniatowski, ancien directeur général de la police nationale. La raison du choix de cet énarque à la bouffarde jamais éteinte n'était que trop claire pour Charles Pasqua. Chirac venait de faire une nouvelle entorse à ses bonnes résolutions. Ce Pandraud arrivait pour le « filer », le contrôler, le devancer.

Charles Pasqua eut du mal à le digérer. Les militants, lorsqu'ils les accueillaient tous deux, avaient beau acclamer ces nouveaux « Starsky et Hutch », dans les bureaux du ministère ce fut le plus souvent la guerre. Charles Starsky ne supportait plus Robert Hutch, qui dut finir par abdiquer. Mais les systèmes d'écoute perpétuellement branchés n'ont jamais si bien marché à l'intérieur même d'un ministère, ce qui n'était guère de nature à instaurer un sentiment de confiance à tous les étages.

Mais, en ce temps-là encore, Charles Pasqua acceptait de mettre un mouchoir blanc sur son honneur personnel. Il était ministre. Enfin ! A soixante et un ans. On avait bien encore tenté de le dissuader d'amener dans ses bagages ses fantassins de l'ombre, les Vescovali, Marchiani, Gali et consorts. Il n'avait cette fois, à son tour, pas entendu. Il se savait promu pour chasser le socialisme de France, servir, à l'Intérieur et de l'intérieur, Chirac, et en faire un président de la République. Edouard Balladur pouvait l'aider à gouverner. Lui était monté dans cette galère de la cohabitation pour le faire élire.

Car, au bout du compte, ces trois hommes se savaient liés par un pacte secret. Jacques Chirac devait gouverner pour tous les Français et, chaque jour passé à Matignon, gagner pied à pied du terrain devant François Mitterrand, candidat éventuel à sa propre succession. Edouard Balladur devait s'occuper diligemment du centre, « faire du Barre » sans en avoir l'air, afin de pousser dans une impasse ce professeur empêcheur de danser en rond. La mission dévolue en secret à Charles Pasqua était tout aussi simple : contenir l'effet Le Pen qui, depuis trois ans, donnait des cauchemars à la bonne droite républicaine. Le nouveau ministre de l'Intérieur avait carte blanche pour séduire, amadouer, chloroformer le Front national, son président, ses apôtres et tous ses fidèles pour les inviter, à l'heure de la grand-messe présidentielle, à honorer le culte de Jacques Chirac.

Charles Pasqua n'y trouva jamais rien à redire. Comme le disait Chirac, il avait en main les réseaux tenus par ses fidèles plus ou moins repentis de l'extrême droite, il avait le discours sécuritaire agréable aux oreilles du militant FN, le bagou populiste, façon Jean-Marie. La croisade pouvait démarrer. « Nous aurons trente jours pour convaincre, avait-il prévenu. Les gens n'attendent pas de nous que nous allions au gouvernement pour gérer le socialisme [...]. Ou bien M. Mitterrand mangera son chapeau, ou bien il prendra l'initiative du clash. Mais, nous, élus sur un programme, nous ne pourrons pas dire aux Français qu'on refuse de l'appliquer. On devra être très fermes. »

Tartarin s'installe à Tarascon. Au carrefour de toutes les peurs et de toutes les obsessions, le « flic » Pasqua va jouer inconsidérément du sifflet et du bâton, mais sans gants blancs. Le brigadier Pasqua, flanqué du sous-brigadier Pandraud, promet de s'occuper de tout, sous les fenêtres des riverains frileux d'une droite qui attend du spectaculaire. Tout de suite, ils sauront à quoi s'en tenir. Se disant retenu au Sénat, Charles Pasqua commence par refuser la traditionnelle cérémonie de passation de pouvoirs avec son prédécesseur socialiste Pierre Joxe. Quelques jours après son installation place Beauvau, il fait spectaculairement réintégrer quatre policiers proches de l'extrême droite – dont Rémy Halbwax, récemment mis en examen dans l'affaire des HLM de Paris –, révoqués en 1983 pour avoir conduit une manifestation haineuse sous les fenêtres du garde des Sceaux, Robert Badinter.

Plutôt que de rassurer les Français, Charles Pasqua chausse ses brodequins à clous pour rassurer « ses » policiers, qui vont s'en trouver fort aises. Ils peuvent bien déraper, jouer du flingue à n'importe quelle heure dans Paris, « leur » ministre fait rempart de son corps. « Ces policiers, affirme-t-il, sont couverts par leurs supérieurs; nous les couvrons, il n'y a aucun problème. »

Charles Pasqua parle beaucoup, provoque, promet, gesticule, sûr de ses méthodes, prisonnier de son image. « Si nous voulons réussir notre pari de changer de France, il ne faut pas prendre de gants », rappelle-t-il sans cesse à Jacques Chirac qui s'en inquiète quand même.

« Terroriser les terroristes », dans l'Hexagone, en Corse, partout, est une de ses fanfaronnades demeurées fameuses. Certains ont trouvé un autre mot : les « pasquinades » ! Très vite, considérant que la France, mal remise du laxisme socialiste, est engagée dans une véritable guerre contre le terrorisme, Charles Pasqua s'attache à imposer des lois sur la sécurité, où il est facile de deviner le postulat ravageur de départ : immigration égale insécurité, égale terrorisme. C'est écrit et répété : l'étranger constitue potentiellement une menace pour l'ordre public. Il faut faire simple, faire des images que le bon peuple de droite gardera en tête jusqu'à l'élection présidentielle. C'est réussi. D'un seul vol, cent un Maliens sont, un samedi d'octobre, réexpédiés comme des colis vers leur pays d'origine, sous les protestations de la gauche et d'une partie de la majorité. Secrétaire d'Etat aux Droits de l'homme, le jeune bon docteur Malhuret lève le petit doigt, mais on l'entendra à peine.

Charles Pasqua agit comme un pyromane dans une fabrique d'allumettes. Il voudrait bien que tout le gouvernement suive son exemple. Il est en désaccord avec Jacques Chirac lorsque, en juillet 1986, celui-ci refuse d'engager une crise politique suite au refus déclaré de François Mitterrand de signer les ordonnances sur les privatisations. Une fois de plus, il vérifie le poids d'Edouard Balladur qui n'entend en aucun cas déclencher des hostilités prématurées avec l'Elysée.

Mais Charles Pasqua semble n'en avoir cure. Si on ne peut attaquer l'Elysée de face, il le fera par-derrière. En novembre 1986 commence une affaire d'Etat, celle du vrai-faux passeport d'Yves Chalier qui, huit ans plus tard, sous le couvert pratique du secret défense et de la raison d'Etat, allait se terminer par un procès bâclé. Une affaire qui fera couler beaucoup d'encre et qui révèle que le ministre de l'Intérieur Pasqua était prêt à ne reculer devant aucun sacrifice pour déstabiliser l'Elysée. La reconstitution des faits par la presse montrera que Chalier, ancien chef de cabinet du ministre socialiste de la Coopération, Christian Nucci, accusé d'avoir détourné vingt-sept millions de francs de fonds publics, avait pu trouver protection et faux papiers au Brésil, dès avril 1986, en échange d'informations « mouillant la gauche », Christian Nucci et Guy Penne, alors conseiller du président de la République pour les affaires africaines.

La même enquête prouvera que Charles Pasqua ne pouvait rien ignorer de ces tractations malsaines, conduites au Brésil par la filière des « Corses » pasquaïens et, à Paris, au ministère, par Jacques Delebois, chef du Service de coopération technique internationale de police (SCTIP), proche d'Yves Chalier et de Charles Pasqua. C'est à lui que le nouveau ministre de l'Intérieur, à peine installé place Beauvau, a fait appel pour voir si son prédécesseur, Pierre Joxe, n'avait pas laissé traîner quelques micros dans son bureau...

Curieusement, c'est après la révélation de cette affaire qui touchait aux réseaux de financement africains que Charles Pasqua aura une attitude beaucoup plus conciliante avec l'Elysée... C'était la consigne de Chirac à son ministre de la Coopération Michel Aurillac : « Tu agis le plus administrativement du monde. Je ne veux pas d'un montage politique. » C'était aussi l'intérêt bien compris de Charles Pasqua qui savait que, sur le terrain africain, il n'était pas non plus blanc-bleu et pouvait donc méditer le fameux proverbe du pays : « Pour monter au cocotier, il faut avoir le cul propre. »

Charles Pasqua doit en rabattre, mais un malheur ne venant jamais seul, après le pataquès de novembre vient le drame de décembre. La mort, un soir pluvieux, sous un porche de la rue Monsieur-le-Prince à Paris, de Malik Oussekine, jeune beur de vingt-deux ans, victime d'un peloton de motocyclistes zélés de la police, pourchassant les étudiants qui manifestent contre la loi Devaquet.

Charles Pasqua réclame que l'on sonne la retraite. « J'ai tous les rapports, plaide-t-il auprès de Chirac. Si les lycéens entrent dans le jeu, nous ne tiendrons pas. Je vous donne un conseil, retirez ce texte. » Chirac croit qu'il bluffe et préfère écouter son ministre de l'Education, René Monory, qui soutient le contraire. Trois semaines plus tard, au lendemain de la mort du jeune Malik, les mêmes tiendront un raisonnement exactement inverse. Chirac et Monory sont d'accord pour enterrer leur projet. Charles Pasqua conteste. « Vous allez me prendre pour un fou, fulmine-t-il, mais si on fait cela maintenant, c'est la catastrophe. Quand on baisse sa culotte devant des milliers de gens, on a l'air de cons ! »

Charles Pasqua n'a jamais oublié ce décembre noir de 1986, que rien ne viendra plus effacer, pas même ses probants succès contre Action directe. C'est aussi à partir de ce moment qu'il commence à avoir des doutes sérieux sur les capacités à gouverner de Jacques Chirac. Plus d'une fois il va le presser de ne pas céder aux « enfantillages » de la « bande à Léo » ; de se détourner des « sirènes sirupeuses » d'Edouard Balladur ; de « resserrer les boulons » de ce gouvernement chahuteur et chahuté. « Si tu veux te contenter d'être le président du conseil général de la Corrèze, alors continue comme cela ! » lui lançait-il pour le bousculer.

Charles Pasqua y met d'autant plus d'énergie qu'il se rend compte que lui a déjà beaucoup endossé, qu'il a vu son image s'écorner en un temps record pour servir l'entreprise du présidentiable Chirac. Il suffit de lire les murs de Paris après le passage des manifestants. « Pasqua, honte à toi! » « Pasqua sur minitel : tapez matrak! » « Pasqua : le sinistre de l'Intérieur! » Il est la tête de Turc de toute la gauche, mais, pense-t-il secrètement, voilà qui n'est pas fait pour compromettre son entreprise de récupération en tous genres à droite. Charles Pasqua veut encore croire au sursaut de Chirac. Il ne veut pas imaginer, en cette fin 1986, que ses chances d'arriver jusqu'à l'Elysée sont entamées. Charles Pasqua est dans une opération commando, il veut évacuer tous les états d'âme. « Quand je vendais du Ricard, s'amuse-t-il, je ne pensais jamais que Pernod pouvait être le meilleur. »

Une fois encore, le VRP de la maison Chirac va accepter, sans barguigner, de se salir les mains pour ramener dans le troupeau RPR les brebis égarées du Front national. Depuis Dreux et les européennes de 1984, Jean-Marie Le Pen est ressuscité. Son parti prospère sur le terreau de toutes les peurs, de l'insécurité, de la xénophobie et du protectionnisme anti-européen. La droite qui se qualifie, à présent, de républicaine est partagée. Faut-il composer ou s'opposer? Aucune ligne claire n'a été tracée. Le Front national est devenu le talon d'Achille de la droite, que régulièrement la gauche s'amuse à venir chatouiller.

Charles Pasqua n'a que faire des grands présages. Il raisonne en mathématicien de la politique. Il peut prendre les pourcentages dans n'importe quel sens : si Chirac veut passer le premier tour devant Barre, il faudra le coup de pouce du Front national. François Mitterrand s'est appuyé sur les communistes pour conquérir l'Elysée en 1981. Ce n'est pas plus honteux, se persuade-t-il, de prendre la béquille Le Pen pour le renvoyer dans sa bibliothèque de Latché. Jacques Chirac et Edouard Balladur vont le laisser faire. Ils savent qu'avec sa petite troupe nourrie au lait de l'extrême droite, Charles n'a aucun problème pour faire passer les messages. Son fidèle Joël Gali-Papa connaît bien la famille Le Pen. Aux élections législatives de 1986, c'est lui qui « animera » la campagne dans les Hauts-de-Seine de Marie-Caroline, dans le fief d'un certain Nicolas Sarkozy.

Avant que Charles Pasqua n'hérite de son premier portefeuille ministériel, Joël Gali s'entremet donc pour organiser deux rencontres avec le président du Front national. La première à son domicile de Saint-Cloud, la seconde quelques mois plus tard chez Charles Pasqua à Neuilly, pour un petit déjeuner servi par madame. « Je ne tiens pas à le voir, avait commencé par dire Le Pen.

– Tu as tort, avait répliqué Joël Gali, c'est un type honnête. » « Si vous me dites qu'il faut le voir, j'y vais, avait seulement indiqué Charles Pasqua. Le plus simple, à mon avis, c'est de le voir chez lui ! » Ce qui fut donc fait dans la plus grande discrétion. Il fut question, bien entendu, de la cohabitation et... de De Gaulle. « Quoi qu'il arrive, insista Pasqua, ne dites jamais de mal du Général.

– Je vous rappelle, le rassura Le Pen, que je n'ai jamais pris les armes contre lui : moi, je n'ai jamais fait partie de l'OAS. Pour moi, il reste le libérateur de la France. »

Au terme de deux tête-à-tête, Charles Pasqua a la conviction qu'il est possible d'imposer des règles de vie politique et parlementaire au Front national. Mais le nouveau ministre de l'Intérieur, qui se sait observé à la jumelle sur ce champ de bataille miné, doit donner le change. Constamment il va faire semblant d'osciller entre deux stratégies opposées : l'une consistant à réduire la force de frappe du FN, l'autre laissant au contraire entrevoir des possibilités d'utiles rapprochements. Pour l'aider dans ce travail délicat, Charles Pasqua fait venir à ses côtés Yvan Blot, animateur avec Bruno Mégret du club de l'Horloge, un énarque ancien collaborateur de Bernard Pons, qui végète au RPR mais ralliera ensuite Le Pen lors des élections européennes de 1989. Yvan Blot, petit homme baroque et volontaire, ne passe pas pour un personnage aux idées tendres et généreuses. « Monsieur l'énarque, bonjour! le salue Charles Pasqua lorsqu'il l'embauche place Beauvau. On m'a dit que vous étiez nazi. Moi, je ne suis que fasciste. Ainsi, à nous deux, nous formerons les forces de l'Axe! » « Jean-Marie Le Pen et Charles Pasqua, confirme aujourd'hui Yvan Blot, s'estiment. Ils pouvaient s'entendre. »

Dans un premier temps, Charles Pasqua va tester les capacités de résistance du Front national. Après ses premiers succès aux élections européennes de 1984, il pensait que ce parti n'était qu'un « feu de paille ». Il s'était trompé. Il le pense encore, lorsque respectant les engagements de la plate-forme gouvernementale RPR-UDF, il doit imposer le retour au scrutin majoritaire pour les futures élections législatives. Partisan du rapprochement avec l'extrême droite, Robert Pandraud, qui vient de croiser Le Pen dans les couloirs de l'Assemblée, rentre un jour ventre à terre place Beauvau. « J'ai vu Le Pen, rapporte-t-il à Charles Pasqua. Il m'a prévenu : si vous modifiez le mode de scrutin, je ne vous le pardonnerai jamais.

– C'est de la connerie, s'entend-il répondre, Le Pen ne tient pas ses troupes! »

Pour le démontrer, le ministre de l'Intérieur recourt aux grands moyens pour enfoncer des coins dans le groupe des trente-trois députés du FN. Il débauche d'abord le député lillois Bruno Chauvierre, ancien membre du SAC; il récupérera ensuite le « chouchou » de Le Pen, Yvon Briant, qu'il téléguidera quelques mois plus tard jusqu'à la présidence de l'appendice de la majorité gouvernementale que forme le vieux CNI. Mais rapidement, Charles Pasqua s'aperçoit que cette stratégie-là a des limites. Le Pen tient ses troupes mieux qu'il ne le pensait. Il n'ira pas plus loin.

Etrangement, Jean-Marie Le Pen ne lui en garde pas rancune. Le président du Front national est si désireux de se faire une légitimité, d'accéder au rang d'homme politique responsable et fréquentable qu'il est prêt à pratiquer le pardon des offenses. « Nous n'avions aucune raison de nous plaindre de Pasqua, témoigne celui qui, depuis, est devenu le numéro deux du Front national, Bruno Mégret. On savait que, chez lui, il n'y avait pas de haine. Que sur le fond des choses, il n'était pas si éloigné de nous. »

En 1987, Charles Pasqua et Jean-Marie Le Pen se reverront pour le cinquantième anniversaire d'un ami commun, Jean-Michel Schoeller, un ancien du SAC et de l'OAS, à la Maison de la Chasse à Paris. Le président du Front national est dans les meilleures dispositions et ne s'en cache point. Un jour, il se félicite publiquement du « langage de fermeté » du couple Pasqua-Pandraud. « Les deux ministres, apprécie-t-il, sont au sein du RPR ceux qui ont acclimaté le programme et le langage de mon parti. » Un autre jour, il se dit tout aussi heureux de constater qu'il y a « dans la majorité des hommes fidèles à leurs engagements » et de compter parmi eux Charles Pasqua.

Quand Le Pen dérapera pitoyablement sur l'affaire du « point de détail », Charles Pasqua expédiera nombre de messages à son intention pour qu'il accepte de se confondre en excuses. En vain. Le ministre de l'Intérieur veut espérer que certains de ses amis n'en profiteront pas pour en rajouter. Espoir également contrarié. Michèle Barzach, en charge du ministère de la Santé, ne va plus se gêner pour attaquer bille en tête ce Front national qui joue scandaleusement sur la peur du sida. Son jeune collègue du Commerce extérieur, le maire de Lyon, Michel Noir, signe à la une du *Monde* du 14 mai 1987 un article aussi bref que retentissant, exhortant la majorité à ne plus « vendre son âme ». « Mieux vaut perdre l'élection présidentielle que son âme en pactisant avec Le Pen et ses idées. » « Le con ! » ne peut s'empêcher de jurer Charles Pasqua, lorsqu'on lui met ce papier sous les yeux. Que Michel Noir le pense, d'accord, mais qu'il le dise, c'en est trop ! « Tu devrais savoir qu'un ministre doit la fermer », lui fait-il savoir. Soutenu par toute la jeune classe du gouvernement, Michel Noir n'a aucune intention de se dédire d'une façon ou d'une autre. Chirac me défendra, se persuade-t-il. Il se trompe. Il n'aura droit qu'à vingt minutes d'explications, qui se concluent par cet aveu de son Premier ministre : « J'ai besoin d'une stratégie Pasqua pour gagner. Pas d'une stratégie Noir. » Edouard Balladur, son ministre de tutelle, est chargé de mettre les humeurs de Michel Noir sous le couvercle de la solidarité gouvernementale. Mais, sur le fond, le vice-Premier ministre ne désavoue pas le principe de base édicté par Jacques Chirac. Le pacte tient toujours. « Le problème, insistait Michel Noir, c'est que, dans cette majorité, il y a ceux qui font des rapports avec Le Pen une affaire de tactique et ceux qui en font une affaire de principe. »

La « tactique » Pasqua va se révéler être une faillite. Au premier tour de l'élection présidentielle du 24 avril 1988, François Mitterrand est loin devant, Barre est distancé, mais Chirac ne franchit pas la barre des 20 %. Avec plus de 14 %, Le Pen peut d'ores et déjà crier victoire. Charles Pasqua veut qu'il ne soit pas dit qu'il n'aura pas joué la carte Chirac jusqu'au bout. « C'est fichu, peuvent lui dire ses proches au soir de ce sombre dimanche.

– Je ne veux pas vous entendre », grogne leur patron. Il fait les additions. Si Barre joue le jeu. Si Le Pen voulait lui faire plaisir!

Car jusqu'au bout, Charles Pasqua a maintenu le contact avec le patron de l'extrême droite. Usant de tous les stratagèmes pour convaincre Chirac de faire alliance. Entre février et fin mars 1988, deux déjeuners ont été organisés à Paris. Charles Pasqua et Jean-Marie Le Pen se sont retrouvés une première fois en tête à tête. Au second déjeuner s'est joint à eux Edouard Balladur que Charles Pasqua avait invité, sachant quelle était son influence auprès de Chirac. Charles Pasqua voulait amadouer Le Pen, le faire pencher du côté de Chirac. Tous les moyens sont bons. Y compris l'appel aux « grands frères » de l'Afrique. Le président de la Côte-d'Ivoire, Houphouët-Boigny, a ainsi accepté de remettre une somme d'argent conséquente pour financer la campagne du Front national, en guise de remerciement loyal et anticipé.

Après la gifle du premier tour, Jacques Chirac, lui, n'y croit plus du tout. Perdre pour perdre, il ne veut plus entendre parler de Le Pen, de ses humeurs, de ses dernières volontés. « Passe-lui un coup de fil, le presse pourtant Charles Pasqua. Si tu ne veux pas le voir, au moins qu'il entende ta voix. Dis-lui franchement que tu as besoin de ses voix et ça suffira. » Jacques Chirac s'y refuse. Foin des arrière-pensées tactiques, voici ressuscités les grands principes. Il sait qu'on lui en saura gré dans l'avenir. S'il a encore un avenir.

Mais Charles Pasqua s'entête. Pourquoi reculer? Pourquoi hésiter? A maintes reprises, avant le second tour fatidique de l'élection présidentielle de 1988, Charles Pasqua va revenir à la charge. Dans un entretien public, le 2 mai, dans l'hebdomadaire conservateur *Valeurs actuelles*, Charles Pasqua donne une fois encore des gages de sa bonne volonté à Le Pen. Jamais il n'était publiquement allé aussi loin dans l'aveu – d'autres diront dans la provocation. D'un seul coup, il tombe le masque, étale sur le tapis électoral tous ses petits calculs. « Il y a sûrement au Front national quelques extrémistes, déclare-t-il, mais, sur l'essentiel, le Front national se réclame des mêmes préoccupations, des mêmes valeurs que la majorité, seulement il les exprime d'une manière un peu plus brutale, un peu plus bruyante. » Et il ajoute : « Que les électeurs du Front national soient préoccupés par les risques qu'une immigration incontrôlée fait courir à l'ordre public et à l'identité nationale me semble légitime, et nous partageons ces inquiétudes. Il faut cependant qu'ils comprennent que nous avons commencé depuis deux ans à redresser la situation. » Comme s'il n'était pas assez clair, Charles Pasqua entre enfin dans le concret et vend carrément la mèche. « Assurer un bon report des voix de Le Pen est relativement simple, finit-il par avouer, car il est normal que Jacques Chirac tienne compte des messages qui ont été exprimés, de l'inquiétude des gens. »

Ces aveux de Charles Pasqua provoqueront une certaine stupeur dans la majorité et des protestations outrées à gauche. « Charles Pasqua est devenu un véritable danger pour la démocratie », dénonce, pour SOS Racisme, Harlem Désir. La

Ligue des droits de l'homme exige que Chirac désavoue son ministre de l'Intérieur. Demande qui demeurera sans réponse. Chirac, comme son maître à penser Balladur, resteront muets. Charles Pasqua se moquera du monde, en expliquant, en guise d'excuses feintes, qu'il n'avait pas relu cet entretien qui, évidemment, dépassait sa pensée. En réalité, ce texte à *Valeurs actuelles* avait été fignolé de main de maître par son expert en extrême droite, Yvan Blot.

Charles Pasqua ne renie rien, bien au contraire. Il essaiera jusqu'au bout de faire flancher Jacques Chirac. La scène la plus dramatique se passera à Matignon, dans le bureau du Premier ministre, en présence de son directeur de cabinet Maurice Ulrich. Il s'agit encore de Le Pen. Charles Pasqua pense qu'il n'y a plus qu'un geste à faire et que ce geste, seul Jacques Chirac peut l'accomplir. Nouveau dialogue de sourds. Mais cette fois, Charles Pasqua perd patience. « Tu ne seras jamais président, parce que tu n'as pas de couilles au cul, finit-il par lancer, hors de lui, à Jacques Chirac.

– Jamais, rétorque celui-ci, tu ne me feras pactiser avec le diable. » Le ton monte. Charles Pasqua se venge sur une chaise qui se retrouve en miettes. « Tu veux être président, oui ou non? Eh bien, maintenant, reste avec tes intellectuels! Moi, je m'en vais! »

Chirac tente de le retenir, lui explique enfin le fond de sa pensée : « Comprends que je ne peux avoir le moindre contact avec Le Pen. Je n'ai aucune confiance en lui. Si je lui fais signe, si je l'appelle, si je lui propose quoi que ce soit, il est capable d'aller le raconter. » Mais cet argument ne convainc pas Charles Pasqua.

Ce face à face terrible, violent, fit en réalité plus de dégâts qu'une chaise. Une amitié était définitivement par terre, brisée, en miettes. A compter de ce jour, Charles Pasqua, fatigué de servir, de se salir les mains tandis que d'autres, le port hautain, roulaient carrosse, se promit qu'on ne l'y reprendrait plus jamais. A partir de ce jour, Charles Pasqua voulut n'avoir plus à penser qu'à Charles Pasqua, à ses œuvres et à ses pompes.

IX

LA GUERRE OUVERTE

« Si Jacques Chirac était élu président de la République, je serais le plus heureux des hommes et ma tâche serait terminée », avait souvent répété Charles Pasqua à ses proches. Mais, le 8 mai 1988, au soir du second tour de l'élection présidentielle, le miracle ne s'est pas produit. François Mitterrand signe avec les Français un nouveau bail de sept ans pour l'Élysée. Le candidat de la « France unie » a ridiculisé Jacques Chirac. 54 % pour le président de la République sortant. 46 % pour le Premier ministre de la cohabitation sorti. Verdict sans appel.

Ce soir-là, Charles Pasqua est le plus malheureux des hommes. Ce joueur aime gagner. Plus de quinze ans d'efforts pour en arriver là, pour voir l'étiquette Chirac rester accrochée au rayon des invendus. Sa fonction de ministre de l'Intérieur lui impose encore de venir commenter, devant micros et caméras, ces résultats douloureux. Ce ne sera pas long. Il se trompe dans les chiffres. Rajoute un point à son candidat. Aboutit à un total de 101 %. Qu'importe ! Dans sa tête, Charles Pasqua fait déjà redéfiler le film en noir et blanc de ces deux années de cohabitation impossible, sur le petit écran intérieur de son dépit et de ses regrets.

Cette cohabitation, il l'avait acceptée, parce qu'il fallait d'abord isoler Barre, avant de songer à faire un sort à François Mitterrand. Il était convaincu que, redevenue majoritaire, la droite serait capable de faire manger à François Mitterrand « son chapeau, avec ou sans sel ! ». Mais ce fut lui qui, en pleine possession de son art, assaisonna la droite aux petits oignons. Longtemps, Charles Pasqua pensa que François Mitterrand ne retournerait pas au combat, qu'il irait soigner son âne et écrire ses Mémoires à Latché. Il en rêva même tout haut, au cours d'une « Heure de vérité » – ou plutôt de fiction : « Je souhaite qu'il ne se présente pas, je crois que s'il se présentait, il commettrait une erreur, parce que la France aura besoin, pour la période qui s'approche, d'un président jeune, d'un président dynamique. A chacun son temps. Je le dis avec assez de gentillesse, mais je le dis avec beaucoup de conviction. » S'il était devant son téléviseur, ce mercredi-là, François Mitterrand dut bien rire de tant de sollicitude.

Ce président jeune, dynamique, pour Charles Pasqua ce devait être Chirac. Il n'avait jamais véritablement craint la candidature d'un Raymond Barre qu'il savait mal entouré, lesté par des centristes prêts à se retourner au premier coup de vent contraire, et nerveusement mal armé pour résister au rouleau compresseur de la machine RPR. Décembre 1987, le candidat Barre semblait encore inarrêtable. Un mois plus tard, un « sondage », sorti des cuisines de la place Beauvau et mitonné à la sauce Pasqua, mettait pour la première fois Chirac devant Barre dans les intentions de vote de la droite et l'embarcation Barre prenait déjà l'eau. « Ah, si Giscard m'avait soutenu, se souvient aujourd'hui l'ancien Premier ministre, j'aurais pu faire la différence. Il aurait pu contribuer à neutraliser l'action systématiquement destructrice des équipes Pasqua et de la " bande à Léo ". Je ne pardonnerai jamais à Giscard d'avoir dit que j'avais foulé son cadavre, alors que Chirac, lui, l'avait trahi. »

Regrets éternels! S'il n'avait pas réussi à amadouer Le Pen, Jacques Chirac parvint à obtenir de Giscard une neutralité utile. L'ancien chef de l'Etat refusa de faire « le bon choix » entre ses deux anciens Premiers ministres, ce qui valait pour le candidat Barre, estampillé UDF, condamnation. Mais au fond de lui-même, Charles Pasqua savait bien que si Chirac était, en ce printemps 1988, déboulonné de son socle, le président du RPR ne devait s'en prendre qu'à lui-même. Dans son « bunker » du ministère de l'Intérieur, il avait fait ce qu'il pouvait. Pas toujours avec doigté, certes. Avec pas mal de bavures, incontestablement. Mais, au bout du compte, il avait le sentiment d'avoir respecté sa feuille de route. On lui avait demandé de montrer ses muscles, de rassurer le bon peuple de droite, qui veut toujours plus de sécurité et moins d'immigrés, de s'employer à ramener au bercail les moutons noirs du lepénisme? Il avait retroussé ses manches, soufflé dans toutes les baudruches de droite et épuisé tout le registre des peurs et des obsessions, de la lutte contre la pornographie au rétablissement de la peine de mort. Enfin, n'avait-il pas réussi, avec quels réseaux et quels moyens! à venir au tout dernier moment déposer dans la corbeille de mariage présidentielle de Jacques Chirac la libération inespérée et spectaculaire des malheureux otages détenus au Liban, dont les portraits se gravaient chaque soir sur les écrans de télévision?

Non, Charles Pasqua, à l'heure de ce bilan, n'avait pas la conviction d'avoir démérité. Ah, pensait-il, si chaque ministre, chacun à sa place, avait déployé autant de désir de bien faire! Si Balladur n'avait pas braqué les centristes en donnant l'impression de ressusciter l'« Etat RPR »! Si ces centristes avaient respecté un minimum de solidarité gouvernementale, plutôt que de ne songer qu'à leurs petits placements chez Barre! Si les petits copains de Léotard n'avaient pas joué les garnements, en n'en faisant qu'à leur tête! Mais pour cela, se disait-il encore, il eût fallu que Jacques Chirac fût un patron, sachant garder le cap et tenir un équipage par gros temps. Charles Pasqua, pour la première fois, devait s'en convaincre : Chirac, qui se morfondait maintenant dans son Hôtel de Ville, n'était pas cet homme-là. « Au cours de ces deux ans, rapporte Jean-Louis Bianco, qui occupait alors les fonctions de secrétaire général à l'Elysée, le président a découvert chez Chirac une certaine forme d'irrésolution masquée par son côté martial, une certaine fébrilité et nervosité. » Charles Pasqua ne parvenait plus à se masquer cette évidence. Plus d'une fois, on lui avait rapporté les réflexions pas très gentilles de Giscard, de Barre, de Chaban, qui avaient eu, eux aussi, à connaître la « méthode Chirac ». « Le Premier ministre, ironisait Giscard, ne sait pas penser. Il est comme un enfant qui trépigne pour avoir ses jouets. » « Chirac, confessait Raymond Barre, est un garçon qu'on aime bien. Mais quand on l'a vu opérer, on voit qu'il n'est pas capable, qu'il n'a pas de ligne, qu'il est à la merci de son entourage. » « Chirac président, s'interrogeait Chaban, cent fois je me suis dit que ce n'était pas possible. Il est tellement fragile! »

Quand, en 1981, Marie-France Garaud et Pierre Juillet lui tenaient semblable langage, Charles Pasqua pouvait encore faire mine de ne pas les entendre. Au terme de ces deux années de gouvernement, il devait cependant bien, à son tour, dresser ce constat peu amiable. Jacques Chirac n'avait pas les moyens de ses ambitions. Pas de colonne vertébrale.

Sous le charme suranné d'Edouard Balladur, sous son emprise pompidolienne, ce champion déchu de la cohabitation, pouvait-il encore constater, s'était par trop « centrisé », « notabilisé », ne sentait plus le peuple, avait été incapable d'expliquer aux Français le chemin qu'il entendait leur faire prendre.

Déjà dans le fameux entretien à *Valeurs actuelles* accordé le 2 mai 1988, quelques jours avant le second tour de l'élection présidentielle, les reproches de Charles Pasqua étaient plus que sous-jacents. On n'avait, sur le coup, retenu que sa phrase condamnable sur les « valeurs partagées » avec le Front national, mais, dans cet entretien, Charles Pasqua présentait déjà les charges de la preuve. « Notre grande carence, admettait-il, aura été une explication insuffisante de notre action. » Avant d'ajouter plus loin ce paragraphe qui annonçait sa reconversion personnelle : « Nous ne retrouverons la confiance de notre électorat qu'en réaffirmant clairement les couleurs auxquelles nous sommes attachés. Il n'y a pas de honte à dire que nous voulons une France forte, des familles nombreuses, le respect des valeurs morales, la fin de l'agression contre les enfants que représente la débauche de pornographie. J'ajoute que le mouvement gaulliste est, depuis l'origine, attaché à la démocratie directe, plus encore qu'à la démocratie parlementaire. »

Au lendemain de ce séisme présidentiel, Charles Pasqua quitte la place Beauvau, bien décidé à vivre sa vie. Déçu de Chirac, fatigué de Balladur, de tous ces énarques, modèle Juppé (bombardé secrétaire général du mouvement), qui ont « embourgeoisé » le RPR, l'ont coupé du peuple, l'ont « européanisé ». Dans la cour des grands, où l'on vient pendant deux ans de le laisser s'ébattre, Charles Pasqua a pris conscience de sa valeur, de son poids, des avantages de son personnage. « Je me demande parfois si ce n'est pas toi, Charles, qui devrais être notre candidat ! » le provoquait souvent Jacques Chirac dans les meetings de campagne, où, en vedette américaine, Charles Pasqua chauffait, sans difficulté, les salles.

Jacques prenait encore Charles pour son « Monsieur Loyal », son « amuseur public numéro un », son employé de maison RPR. Sans s'apercevoir que son vieil ami l'avait déjà moralement quitté pour songer à s'installer à son compte. Charles Pasqua n'était plus chiraquien, il voulait être un homme libre. On lui donnait maintenant du « monsieur le ministre » et, à sa sortie de la place Beauvau, il savait qu'il redeviendrait facilement deux fois président : président du groupe RPR au Sénat pour disposer d'une tribune ; président du conseil général des Hauts-de-Seine pour que l'intendance ne fasse point défaut !

Charles Pasqua s'estimait aussi propriétaire du RPR. Qui était ce Balladur pour oser lui disputer ce privilège, lui qui n'avait été élu à Paris que par les grâces successives de Jacques Chirac et qui ne s'était jamais sali les mains dans le cambouis ? Sa conviction était acquise que le RPR n'était plus posé sur l'échiquier politique à la place où il devait être, que son mouvement était devenu un parti « néoconservateur », sans tripes et sans âme. Instinctivement, Charles Pasqua comprend que c'est le moment d'entreprendre une grande restauration du gaullisme, qu'il y a un marché à prendre, à reconquérir, autre que celui des libéraux en faillite et des crypto-pompidolistes invétérés. Le « roi du trampoline », ainsi qu'il s'est lui-même, un jour, baptisé, va chercher à rebondir sur le képi du Général. « On ne fait rien de grand sans de grands hommes », affirmait de Gaulle. L'entourage de Charles Pasqua déteste suffisamment Chirac pour persuader sans difficulté son patron qu'il est le grand homme que le gaullisme de cette fin de siècle attend. « A mon modeste niveau, finira d'ailleurs par avouer le nouveau Pasqua, je me sens tout à fait comme le général de Gaulle. »

Une autre vie commence donc pour Charles Pasqua. « Je me sentais libre, confie-t-il. Je ne devais plus rien à personne. Pour Chirac, j'avais sacrifié une bonne partie de mes idées; après cette défaite à la présidentielle, je pouvais les porter moi-même! » A partir de son laboratoire prospère des Hauts-de-Seine, Charles Pasqua va progressivement se façonner un nouveau personnage. Il faisait peur. Il va se faire enjôleur et rassurant. Il combinait avec l'extrême droite. Il va chercher une place au centre. Il s'approprie un nouveau discours où les vieux principes gaullistes se mélangent aux ressorts habituels du populisme, où le mot « rassemblement » remplace, comme par miracle, celui d'« exclusion ». Charles Pasqua s'invente une nouvelle profession de foi : « Je ne suis ni de droite ni de gauche, je suis gaulliste. » Fascinée par l'artiste, la presse va s'enticher de ce personnage nouveau qui a toujours le bon mot pour le bon titre. Bref, c'est une véritable révolution copernicienne que Charles Pasqua entreprend, une de ces mutations qu'on aura rarement vues en politique, qui exige par conséquent, pour ne pas sombrer dans le ridicule aux yeux de l'opinion, patience et résolution, une mémoire courte, et par-dessus tout, pas mal de rouerie.

A peine quelques mois sont-ils passés, depuis la Berezina de l'élection présidentielle, que Charles Pasqua cherche déjà à se poser comme le grand pacificateur de la droite. Fin novembre 1988, il lance l'idée, peu gaullienne en vérité, d'un « tournoi de qualification » comme système de sélection d'un candidat unique de l'opposition à l'élection présidentielle. Venant d'un homme qui, en 1981 comme en 1988, a employé les moyens les plus illicites pour déstabiliser les candidatures de Giscard et de Barre, tant de bonne volonté peut surprendre. Sept mois plus tard, en association avec l'ancien barriste Philippe Mestre et la fine lame du PR, Gérard Longuet, un comité de soutien « pour les primaires à la française » est créé. « La droite, affirme Charles Pasqua, a perdu les élections présidentielles de 1981 et 1988 en raison de son incapacité à s'entendre sur le nom d'un seul candidat alors qu'elle était majoritaire dans l'électorat. »

Cette initiative est accueillie de façons diverses, mais Charles Pasqua ne se laissera jamais déposséder de cette initiative qui le place immédiatement en position d'arbitre au milieu du ring de la droite et lui permet d'entretenir d'utiles réseaux. Charles Pasqua a, en tout cas, visé juste. La hantise de devoir subir à nouveau les méfaits de l'affrontement perpétuel entre les deux chevaux de retour Giscard et Chirac s'est propagée dans les rangs d'une opposition qui a bien du mal à se remettre des deux échecs des élections présidentielle et législatives du printemps 1988. Plus jamais cela!

Un an plus tard, embarqués dans une aventure plus médiatique qu'autre chose, douze rénovateurs de cette même opposition, qui promettent de faire passer un vrai courant d'air frais dans les grandes bâtisses du RPR et de l'UDF, donnent un accès de fièvre à l'opposition. La liste de ces jeunes loups qui veulent dévorer tous les anciens qui s'accrochent en impose : Philippe Séguin, Michel Noir, Charles Millon, François Bayrou, Dominique Baudis... Par la voix du « speaker de Toulouse » qui, un dimanche soir à la télévision, viendra à son tour regarder les Français au fond des yeux, ils réclament la tête de Giscard, lui demandent de prendre sa retraite pour amener une pause durable à droite. Il suffira que l'ancien président lève le sourcil pour que tous ces beaux jeunes gens intrépides rentrent lamentablement dans le rang. Leur printemps se terminait par des frissons. Mais ils avaient, au bout du compte, réussi l'inimaginable : Giscard récupérant la tête de liste de la droite pour les élections européennes de juin 1989, avec, comme président de son comité de soutien, Jacques Chirac. Un comble, comme le disait un militant giscardien; « voir coller la tête de Giscard par des militants RPR » était un spectacle auquel on n'aurait jamais pensé assister.

De tout cela, Charles Pasqua s'était bien gardé de se mêler. Simplement, cela l'avait conforté dans la certitude que décidément, par leur alliance contre nature sur l'Europe, l'association de leurs petits intérêts personnels, Giscard et Chirac n'avaient rien retenu. Et que les jeunes sabreurs de la rénovation d'une saison s'étaient tout autant trompés en s'imaginant que la révolution se décrétait d'en haut, de Paris, et devant les caméras!

Charles Pasqua, en vérité, n'avait tiré de ces deux épisodes qu'une seule satisfaction : le poids, l'influence de Philippe Séguin qui avait mené là où il voulait, pour finalement la faire capoter, cette entreprise des rénovateurs. Ce n'était pas pour Charles Pasqua à proprement parler une surprise. Il n'avait pas oublié le temps où, en 1984, quand le jeune Séguin voulait secouer le RPR, il était allé le premier demander fermement à Jacques Chirac d'« exclure ce mange-merde ». A la fin de la cohabitation de 1988, il avait complètement révisé son jugement sur ce personnage qu'il savait pourtant cyclothymique, inconstant et terriblement personnel. Il ne tarissait plus d'éloges sur celui qui avait occupé, durant ces deux pénibles années de cohabitation, le ministère exposé des Affaires sociales. « Il n'y a que Séguin, dans ce gouvernement, qui ait eu du courage, déclarait-il. C'est le seul qui tient un discours gaulliste. »

Mais ce n'est pas cela que Charles Pasqua avait retenu. Pris à partie de tous côtés au moment de la mort en décembre 1986 de Malik Oussekine, Philippe Séguin fut l'un des rares à lui témoigner publiquement son soutien. Un de ces gestes que le Corse Pasqua n'oubliera jamais. Dans un livre d'entretiens avec le journaliste du *Monde* Pierre Servent, Philippe Séguin s'en était longuement expliqué : « Je dois faire un aveu : je me suis tout d'abord posé le problème de savoir si je ne devais pas démissionner. [...] Je me suis posé la question très sérieusement. J'ai décidé de rester. Parce que je me suis mis à la place de Pasqua apprenant la nouvelle le matin. Il a dû dire, comme je l'aurais fait dans une telle situation : " Merde ! " Et comme moi je n'étais pas capable d'être derrière chaque guichet de la Sécurité sociale pour expliquer les mesures économiques que j'avais prises, j'ai pensé que lui non plus ne pouvait pas être derrière chaque policier. [...] A partir de ce moment-là, j'ai décidé d'être logique avec moi-même et de le soutenir. C'est vrai qu'il n'y avait pas foule pour le faire et que mon geste l'a d'autant plus touché. Du coup, il en est resté quelque chose entre nous, malgré nos divergences d'analyse. »

Charles Pasqua lui renverra tout de suite l'ascenseur, en appuyant dans l'ombre, mais fermement, sa candidature à la présidence du groupe RPR, à l'Assemblée nationale, en juin 1988, devant Bernard Pons qui ne l'emportera que d'une seule voix. Une alliance objective entre les deux hommes se scelle, même si elle apparaît à plus d'un contre nature. Génération différente, un parcours qui n'a aucune similitude, deux caractères totalement opposés, un Pasqua qui, quoi qu'il en dise maintenant, a généré la dérive droitière du chiraquisme, un Séguin plus attiré par la défense du social, un populiste d'un côté, un rationaliste de l'autre, le gaullisme va leur servir de paravent pratique pour une mise en commun, que l'on sent fort provisoire, de leurs ambitions. Tous deux donnent le sentiment de s'être réparti les tâches, pour toucher des couches de militants relativement hétérogènes. « Séguin est un garçon intelligent et passionné, confie Charles Pasqua à ses proches. Si on veut être efficace dans une optique gaulliste, il faut l'appeler. »

On est dans le courant de l'été 1989. « Il faut que je prenne une initiative », se répète Charles Pasqua. Une centaine de parlementaires du RPR sont dans la confidence. Charles Pasqua envisage de déclencher son offensive lors de l'université des jeunes RPR programmée pour la fin août. Puis il décide d'attendre la fin septembre. En octobre, il disparaît pour se faire opérer au Canada. Il revient affaibli et amaigri. Ses amis pensent qu'il va reculer. Mi-décembre, il redevient lui-même, prêt à en découdre avec Jacques Chirac.

Philippe Séguin a promis de l'épauler. Avec beaucoup de réalisme, même si certains de ses proches, comme le député du Val-d'Oise, Jean-Pierre Delalande, lui expliquent que ce n'est pas un Pasqua qui, pendant des années, a « caporalisé » le RPR qui peut prétendre maintenant se faire le chantre d'une démocratie retrouvée au sein de leur mouvement. « Réfléchissez! tranche cependant Philippe Séguin. Nous, nous ne représentons pas grand-chose : 5 à 10 % des mandats. Avec Pasqua, on peut faire 60 %. On plante Chirac et Juppé. On prend le mouvement. Je suis le plus jeune. Biologiquement, j'ai un avantage et Pasqua, en plus, nous amène les ronds! »

Le tandem est en place. Un nouveau couple est né, prétendant agir pour le salut du RPR, de la droite, de la France, et bientôt de l'Europe! Charles Pasqua et Philippe Séguin réclament un retour du RPR aux sources du gaullisme, un mouvement alliant transparence et démocratie, « un grand parti jeune, moderne et offensif ». Mais ce tandem surprenant ne fonctionnera pas sans ratés, et sans contradictions. Partisans du système des primaires, Charles Pasqua et Philippe Séguin reprochent néanmoins au mouvement de trop sacrifier à l'union. Charles Pasqua veut que Jacques Chirac fasse place nette. Philippe Séguin se contenterait de pouvoir couper les têtes des notables parisiens, Balladur, Juppé et ce Sarkozy qui est la petite bête noire qui monte, qui monte. Tous deux réclament plus de démocratie, mais refusent le développement de courants. Tous deux souhaitent la constitution d'un grand parti qui laisserait venir à lui tous les autres partenaires de la droite, à l'exception, précise Charles Pasqua, pour rassurer définitivement son compagnon de résistance, du Front national avec lequel il exclut désormais tout accord. Quelques mois après, Charles Pasqua se retrouvera sur la même longueur d'onde que Giscard pour réclamer la constitution d'un grand mouvement unique de la droite.

Mais ce jeu confus ne trompe pas sur les intentions communes des deux frondeurs : prendre, se partager le pouvoir à la tête du RPR. A maintes reprises, dès le lendemain de sa défaite face à François Mitterrand, Charles Pasqua a conseillé personnellement et fermement à Jacques Chirac de prendre du champ, d'abandonner la présidence du RPR pour se donner du temps, de la réflexion et reconsidérer enfin sérieusement son avenir. « Jacques, lui disait-il, il faut prendre du champ. Si tu veux te préparer pour l'élection présidentielle suivante, qui peut arriver plus vite qu'on ne pense, ne reste pas président de notre mouvement. » « Retrouve en toi-même la certitude de ce que tu as envie de faire, lui disait-il encore. Tu as vidé tes accus. Tu as encore envie d'y aller ou tu n'as plus envie ? Tu y vas par habitude ou tu es capable de sortir de la langue de bois ? » « Fais comme Bush, lui répétait-il aussi. Voyage ! C'est par l'étranger qu'on devient chef d'Etat en France. » Mais quand il entendait pareilles exhortations de la part de son vieil ami devenu nouveau concurrent, Jacques Chirac n'avait qu'une seule idée à l'esprit : « Il veut ma place. » Il s'en était ouvert à ses proches : « Je sais maintenant que Charles joue pour lui. Je m'en méfie tellement que désormais, à chaque fois qu'il me donne un conseil, je me dis que, pour mon bien, il faut faire exactement le contraire ! »

Pour le coup, Charles Pasqua avait affiché pourtant clairement la couleur. Il expliqua qu'il était prêt à se dévouer, que lui seul avait les moyens de tenir la maison et que si Chirac voulait qu'il lui succède, il n'avait qu'un mot à dire : il était prêt. Jacques Chirac avait une nouvelle fois souri. « Si je dois faire nommer quelqu'un à ma place, rétorqua-t-il, ce sera Edouard Balladur. » Ce fut, pour Charles Pasqua, l'humiliation, une provocation qu'il prit au creux de l'estomac. Cette fois, les dagues étaient sorties. Jacques Chirac savait qu'il ne pouvait rester là, dans un bureau de l'Hôtel de Ville, dans l'attente que l'histoire lui repasse quelques plats alléchants. Il savait pertinemment que le RPR avait besoin de bouger pour retrouver le chemin de la reconquête. Mais il avait un tout autre schéma en tête. « J'avais compris, explique Jacques Chirac aujourd'hui, que nos militants ne pouvaient plus être là comme des petits pois. Moi, j'avais imaginé un courant du centre avec Juppé, un courant de droite avec Pasqua, et un courant de gauche avec Séguin. Cela me paraissait pouvoir tenir debout. Mais lorsque j'ai vu Pasqua et Séguin s'acoquiner de la sorte, j'ai compris que c'était en fait ma peau qu'ils voulaient. »

Les assises du RPR étaient programmées pour le 11 février 1990 au Bourget. Jusqu'à cette date, le mouvement allait connaître les mois les plus pathétiques de son histoire. Les compagnons se déchiraient, se défiaient, s'injuriaient. Au nom du Général, les intérêts particuliers s'affrontaient. On criait à la trahison, à l'intrigue. La guerre de tranchées se propageait entre, d'un côté, Balladur, Chirac, Juppé et Sarkozy et, de l'autre, le couple Pasqua-Séguin qui avançait comme un bulldozer. « Il faut que le président du mouvement soit élu par l'ensemble des adhérents et qu'à tous les postes de responsabilité les gens soient élus, qu'il y ait en tout cas le moins possible de gens nommés, allait répétant partout Charles Pasqua. Dès lors, il faut accepter la contestation, accepter d'être renvoyé. Il y en a qui perdront leur place. Il y en a qui en auront d'autres, c'est la vie. »

Charles Pasqua était sûr d'être suivi par une bonne partie des compagnons. « Jacques, vous n'allez pas laisser faire cela, venait presque chaque jour demander Edouard Balladur à Jacques Chirac. Il faut les exclure !

– On ne peut pas exclure Pasqua, répondait aussitôt celui-ci. Ce serait exclure le RPR du RPR. » Jacques Chirac croyait encore que Charles Pasqua et Philippe Séguin éviteraient au dernier moment l'affrontement public devant les militants. Mais le 9 janvier 1990, il fut bien forcé de constater les dégâts. Les deux compères rendaient publique la motion qu'ils étaient résolus à défendre aux assises, un texte claquant comme un réquisitoire. « Le sens de notre démarche, concluaient-ils, est clair. Convaincus de la modernité de notre message, nous voulons que notre mouvement, renouvelé, transformé, élargi, devienne le cadre naturel dans lequel les Français se retrouveront parce qu'ils y reconnaîtront le goût renaissant de la France. »

« Chirac, confirme Bernard Pons, avait sous-estimé le danger. Or, Charles Pasqua m'avait, lui, expliqué quelques jours plus tôt : " Chirac va nous planter! Je me lance. " Je lui ai conseillé une dernière fois d'agir à l'extérieur du mouvement. Je pensais qu'il était le seul à pouvoir créer une formation politique pouvant récupérer, comme il voulait le faire, les électeurs du Front national. " Je ne ferai jamais cela, m'avait-il répondu. Le RPR est un peu mon enfant et je ne suis pas un homme de droite. " Chirac m'a rappelé aussitôt après la publication de sa déclaration : il était ébranlé par ce coup d'Etat. »

Malgré les précautions oratoires prises par Charles Pasqua et Philippe Séguin, c'en est un en effet : « Nous avions fait une campagne souterraine extraordinaire, se souvient Franck Borotra, qui était à l'époque une des têtes de pont pasquaïennes au sein du RPR. Nous pensions vraiment que le mouvement pouvait nous revenir. » Charles Pasqua s'imaginait président du RPR, avec Philippe Séguin nommé par lui secrétaire général, à la place de ce Juppé dédaigneux qu'il ne supportait pas. « Cher ami, l'avait-il d'ailleurs averti, sachez que vous n'êtes qu'un fusible et que les fusibles sont aussi faits pour sauter. »

Charles Pasqua et Philippe Séguin se voyaient déjà en haut de l'affiche. Ils n'entendaient plus les prières des parlementaires : « Nous, vos enfants, vous demandons de ne pas divorcer... Surtout qu'on ne sait pas à qui reviendra le droit de garde. » Ils ne se souvenaient plus de ce que disaient les vieux militants : « Au RPR, on ne tue jamais le père, même quand il est mauvais ! »

Lorsqu'ils arrivent, ce dimanche matin 11 février, dans la froidure du Bourget, pour ces assises du RPR tant attendues et redoutées, Charles Pasqua et Philippe Séguin savent en fait que la grand-messe est déjà dite. Jacques Chirac a tellement dramatisé l'enjeu que les compagnons ont pris peur. Oui à la démocratie, mais sans coups de poignard. Et puis, ce qui ne se dit pas se murmure : pour la première fois peut-être depuis la création du RPR en 1976, les équipes Pasqua ont été éloignées des urnes. La direction du mouvement a surveillé de bout en bout les opérations, avec vigiles et chiens policiers. Ce vote des assises sera bien gardé. On ne triche pas. Quand il se termine, le résultat ne surprend personne : plus de 68 % pour la motion Juppé, 31 % pour la motion Pasqua-Séguin. A la tribune, Philippe Séguin a livré le discours attendu : net, carré, gaulliste. Charles Pasqua, n'arrivant pas à s'écarter de son texte, a paru comme tétanisé, comme s'il ne se résolvait pas à être la cause de tant de déchirements.

Marie-France Garaud, qui, toujours dans l'ombre, cela va sans dire, a repris du service à ses côtés, en restera effondrée. « N'acceptez pas le vote, lui avais-je conseillé, témoigne-t-elle. Ça se prend aux tripes, le RPR. Vous vous arrangez pour que Juppé parle pendant qu'on sert les plateaux repas. Vous faites un grand discours, vous emballez la salle, vous faites une charge contre Mitterrand. La salle entière se lève et vous devenez le chef par acclamation. »

Charles Pasqua n'a pas cru à ce scénario trop simple. Non, décidément, il est moins facile qu'il n'y paraît de tuer Chirac ! De sauter à pieds joints par-dessus des années et des années de compagnonnage. Ces assises demeureront un passage à l'acte manqué. Jacques Chirac en sort réélu à l'unanimité président du RPR. « Le débat, avait quand même affirmé Charles Pasqua, ne sera pas résolu par la seule grâce de la réélection triomphale de Jacques Chirac. » Pour gagner les prochaines élections, ajoute-t-il, « il faut rompre avec le ronron d'une classe politique livrée à elle-même, à ses calculs, à ses combinaisons, pour retrouver le contact direct avec les Français ».

Au lendemain de ces assises, Edouard Balladur ne cachera pas la désagréable impression qu'il en a retirée : « J'ai été frappé par le climat d'inimitié qui s'y est parfois manifesté. Mais aujourd'hui, tout est clair. Notre mouvement a un président légitime et il en a un seul. Il a une ligne politique et une seule. Il dispose enfin d'une équipe de direction avec, à sa tête, Alain Juppé, la seule légitime, et pas de deux. »

A cette époque, Edouard Balladur a encore tout du chiraquien zélé et intolérant. « Le zèle des amis est parfois plus néfaste que la haine des ennemis », pensait Schiller. Jacques Chirac aurait déjà dû se méfier. Aux yeux de « lord » Balladur, les « franchouillards » Pasqua et Séguin ne sont que des énergumènes incontrôlés et inconséquents, qui, larmoyait-il en privé, « ne songent qu'à faire du mal à Jacques ». Mais il ne fit jamais le moindre geste pour apaiser les esprits.

Fatigué de se battre à l'intérieur, le nouveau couple Pasqua-Séguin choisit de vivre sa vie à l'extérieur. Les deux hommes sont allés trop loin pour rentrer, comme si rien ne s'était passé, au bercail de la rue de Lille. Ils entendent faire fructifier leur dividende des 31 % des assises du Bourget. A les entendre, ce n'est pas demain que Jacques Chirac parviendra « à remonter sur son cheval ». Il n'a d'yeux que pour la très sainte trinité Balladur-Juppé-Sarkozy. Malgré les apparences, le mouvement reste traumatisé. Charles Pasqua veut vivre sa vie. Philippe Séguin veut exister. D'un côté, de l'argent. De l'autre, des idées. Le concubinage va pouvoir continuer. Le couple va quitter son pied-à-terre du boulevard La Tour-Maubourg pour s'installer dans un vaste et somptueux appartement au départ de la rue François-Ier. De l'autre côté de la Seine – de l'autre côté du Rubicon, plutôt. Provocation supplémentaire!

Au lendemain de l'élection présidentielle de 1988, Edouard Balladur a créé un précédent : il a installé son propre campement boulevard Saint-Germain, à quelques pas de la rue de Lille où il ne met jamais les pieds. Avec, sur la porte, la plaque de sa nouvelle association, « Pour le libéralisme populaire ». Adjectif indispensable pour l'ancien ministre d'Etat que Jacques Chirac a donné à la France et qui, au sortir de la rue de Rivoli, avait besoin en effet d'apprendre à faire peuple. Là encore, Charles Pasqua n'a pas compris que Jacques Chirac ait laissé faire, allant même jusqu'à charger son directeur de cabinet, Michel Roussin, futur ministre de la Coopération mis en examen, de trouver ces mètres carrés à bon prix pour donner au « cher Edouard » toute la surface utile à son rang et à son avenir. Les socialistes payaient déjà cher l'entretien de leurs écuries. Balladur, pensa sur le coup Charles Pasqua, donnait là un mauvais exemple, incompatible en tout cas avec les règles du compagnonnage.

Mais, au lendemain des pénibles assises du Bourget, chacun sent bien que ce compagnonnage-là a du plomb dans l'aile. Jacques Chirac est replié dans sa citadelle de l'Hôtel de Ville de Paris. « Début 1988, se souvient Raymond Barre, Chirac m'avait dit : " Si c'est vous qui êtes élu, laissez-moi la mairie de Paris, ça me plaît! J'y tiens! " »

François Mitterrand est resté à l'Elysée et Jacques Chirac est une fois encore en convalescence dans son fief parisien. Edouard Balladur travaille sur le canevas de son propre destin, boulevard Saint-Germain. Charles Pasqua et Philippe Séguin n'ont plus aucun complexe à vivre leur concubinage sous le même toit. Malraux, qui se plaisait à rappeler que « les gaullistes chassent en meute », n'a plus raison. Bientôt, ce sera au tour de Michel Noir de vouloir livrer son âme, que l'on croit blanche et pure, à la

France. Il lance la « France unie » avant de prendre ses cliques et ses claques, mais sera rattrapé à Lyon par ses affaires de famille.

Le RPR est de moins en moins un rassemblement. Le ver de la division est dans le fruit gaulliste. Le RPR va mal et c'est toute la droite qui tousse. Remis en selle par les élections européennes de juin 1989, Giscard, que Jacques Chirac avait voulu trop hâtivement installer dans une préretraite à Strasbourg, n'aura plus de cesse qu'il n'ait exploité à son avantage toutes ces turbulences RPR.

Giscard redevient Giscard. Sûr de lui et dominateur. Traitant à nouveau Jacques Chirac comme son métayer de province. Il veut l'union, mais pour lui. Officiellement, il acceptera de signer la charte des primaires concoctée par Charles Pasqua, mais il refusera toujours de mettre en place la « démocratie des autobus ». L'UPF, l'« Union pour la France », ressemble de plus en plus à l'union pour la frime. Les électeurs de droite s'y perdent et se lassent. Ne reculant devant aucun sacrifice, Giscard ira même jusqu'à faire des avances à Charles Pasqua, l'homme qui l'a pourtant poignardé dans le dos en 1981. A maintes reprises, il lui fait l'honneur de sa table en son domicile parisien, rue Bénouville. Charles Pasqua n'y est pas insensible, au début. « Ce Giscard, il est fort », se trahit-il parfois. En public, l'ancien président en fait des tonnes pour séduire et conquérir ce Pasqua qui peut réussir ce qu'il a toujours rêvé de faire : déstabiliser le RPR. Un jour de septembre 1991, devant les sénateurs UDF conviés à Marseille, Giscard, bénissant ses complicités avec Jean-Marie Le Pen, n'ayant rien retenu de ses pratiques policières, lui décernera ce brevet républicain insolite. Un hommage bref mais chaleureux : « Charles Pasqua a démontré des qualités d'homme d'Etat comme ministre de l'Intérieur de 1986 à 1988. »

Mais, une fois encore, Giscard en a fait trop. Charles Pasqua ne voulait pas que cette connivence calculée soit étalée au grand jour. Cette ficelle trop grosse risquait de l'étouffer et de rendre suspecte son entreprise auprès des gaullistes. Charles Pasqua stoppera brutalement ce petit jeu. « Je ne favoriserai jamais l'élection de Valéry Giscard d'Estaing. S'il pense se servir de moi comme d'un élément déstabilisateur de Jacques Chirac à son profit, il se trompe. Le problème n'est pas là. Il est de savoir qui, le moment venu, sera, aux yeux des Français, porteur de tel ou tel projet », promet-il. Pourtant, Charles Pasqua n'est pas mécontent. Giscard l'a consacré publiquement « homme d'Etat » et preuve est faite qu'il est devenu la pièce indispensable, la plaque tournante du RPR. Et qu'on aura, quoi qu'il advienne, besoin de lui pour tenir la droite.

Le 13 mars 1991, un an après les assises du Bourget, Charles Pasqua et Philippe Séguin se décident à hisser leur propre pavillon. Dans le bassin de plus en plus chahuté de la droite, un nouveau bateau est mis à quai, celui de leur association « Demain la France ». Charles Pasqua se veut œcuménique. Il parle d'un observatoire recueillant les avis des nombreux professionnels, économiques et culturels, et aussi d'un laboratoire pour tester des idées et préparer des projets qui permettront de dynamiser l'opposition et de hâter l'alternance. Mais il ne faut pas être grand marin de la politique pour immédiatement deviner que Charles Pasqua et Philippe Séguin se lancent, avec cette association, dans une longue traversée qui ne vise pas qu'à jeter quelques bouées dans la petite mare des idées. Croiser hors des eaux confinées de la chiraquie, récupérer tous ces militants RPR qui, au fil des années, ont dérivé vers les marais du Front national, tenter de repêcher un électorat populaire qui semble avoir délaissé les sirènes socialistes : cette association est, d'abord et avant tout, une machine de guerre électorale, programmée pour les élections législatives de mars 1993.

Le référendum de septembre 1992 sur la ratification du traité européen de Maastricht va venir emballer cette machine. Charles Pasqua, sur ce sujet-là comme sur d'autres, n'a jamais eu de convictions fortes sur l'Europe. On peut même dire que c'est le genre de problème qui le barbe. Que ce soit en 1984 ou en 1989, les élections européennes ne l'ont jamais poussé à jouer les batteurs d'estrade. Une fois encore, il ne va suivre que son instinct, tirer des bords en attendant d'être sûr du meilleur créneau pour faire prospérer ses intérêts. Avant les élections législatives de 1986, dans son livre *L'Ardeur nouvelle*, il se présente plutôt comme un Européen convaincu. « L'Europe est nécessaire, insiste-t-il. L'Europe ne peut pas rester indéfiniment l'Europe des marchands. Il est temps que les nations européennes songent à harmoniser leurs politiques étrangères pour agir ensemble sur la scène internationale. L'ensemble européen, force inemployée et inconsciente d'elle-même, assiste depuis trop longtemps en spectateur au déroulement d'une histoire dont il pourrait redevenir l'un des principaux acteurs. »

Début 1992, en visite en Alsace, Charles Pasqua apparaît toujours dans les mêmes dispositions. Candidat éventuel à la succession d'Alain Poher à la présidence du Sénat, il sait que, pour enfoncer un coin dans le groupe centriste qui fait les élections au palais du Luxembourg, il doit s'imposer quelques figures européennes bien soignées, et faire semblant d'y croire beaucoup. Certes, son compère Séguin ne s'oblige pas à pareilles contorsions. Il est contre ce traité de Maastricht et ne l'envoie pas dire, noyant le poisson de son protectionnisme exacerbé dans la mythologie gaullienne de la grande Europe de l'Atlantique à l'Oural. Charles Pasqua commence par se dire moins pessimiste que Philippe Séguin. En petit comité, il prêche la raison : « Ce traité sera ce qu'on en fera. » Mais lorsque au printemps, Jacques Chirac, imprudent, laisse à Philippe Séguin le soin de défendre au nom du RPR, à l'Assemblée nationale, la notion d'irrecevabilité sur la révision de la Loi fondamentale, Charles Pasqua commence à comprendre les avantages de la partition du non à Maastricht. Philippe Séguin, à la tribune du Palais-Bourbon, avec de faux arguments, se révèle un vrai tribun, capable en une grosse heure de séduire une moitié d'hémicycle. La moitié des députés RPR en tout cas approuvent sa charge contre une Europe plus unie, plus fédérale et plus efficace.

Si bien qu'à partir de ce jour, Charles Pasqua commence à opérer un nouveau virage. Il ne veut pas laisser le « monopole du non » à Maastricht à Philippe Séguin, lequel, naturellement, était tout prêt à se dévouer. Son envie de s'asseoir dans le fauteuil de président du Sénat aurait dû lui inspirer plus de prudence. Il hésite, mais franchit le pas. Marie-France Garaud, dans la coulisse, a repris du service. « Charles, l'exhorte-t-elle en jouant sur une corde qu'elle sait sensible, pour vous qui êtes un gaulliste, le gaullisme, ce n'est pas Vichy. C'est 40 ! » Il sera contre l'Europe de Maastricht. Les circonstances vont, encore une fois chez lui, l'emporter sur les convictions. Charles Pasqua, pour motiver ce revirement, se saisit de l'attribution aux ressortissants de la Communauté européenne du droit de vote aux élections municipales et européennes.

Disposition tout à fait symbolique et restrictive, comme on le découvrira assez vite, mais que Charles Pasqua agite comme un chiffon rouge devant les yeux de ses collègues sénateurs. « Une telle disposition, ne cesse-t-il de pronostiquer, prépare à terme le droit de vote pour tous les étrangers... » Peur grossière et gratuite. Comme en 1984 contre la loi Savary, Charles Pasqua se croit capable d'enlever une majorité au Sénat pour s'opposer à l'adoption du projet de loi constitutionnelle préalable à la notification des accords de Maastricht. Mais cette fois, le noyau dur centriste va tenir. Charles Pasqua peut déjà comprendre que cette bévue et cette forfanterie vont lui coûter la présidence du Sénat. « Quand on fait une connerie, on va jusqu'au bout », dira-t-il plus tard. Alors, il n'a plus le choix : se jeter à corps perdu dans la bataille européenne qui s'annonce pour septembre, instrumentaliser Philippe Séguin qui a des idées pour deux, et aimanter le vicomte de Villiers qui s'est fait une petite place au soleil à la sortie des messes de la France en loden. Depuis un an, le châtelain de Vendée a engagé son « combat pour les valeurs » en faisant son miel des affaires qui bourdonnent dans la ruche socialiste. Charles Pasqua a été bluffé par ses succès en province, ses réunions qui font du monde et, comme il le dit, son « talent de communication fantastique ».

Le jeune croisé du bocage peut le servir sans lui faire de l'ombre. Charles Pasqua prend. Il pense moins à l'Europe qu'aux conséquences sur la politique intérieure que peut engendrer ce fameux traité de Maastricht. Que le non l'emporte et François Mitterrand ne pourra faire autrement que dissoudre, voire se démettre. « Moi, explique Charles Pasqua, je n'ai jamais sous-estimé Mitterrand. Ses préoccupations de politique intérieure ne sont jamais étrangères à sa démarche de politique internationale. Et puis, pendant des années, nous avons subi le terrorisme intellectuel de la gauche, ce n'est pas pour subir maintenant celui des européanistes. »

Faute d'entraîner le Sénat, Charles Pasqua va s'efforcer de convaincre Jacques Chirac de ranger le RPR derrière la ligne du non. Inutile de dire que, comme à chaque fois qu'il s'agit de l'Europe, le mouvement a des palpitations. Un jour, Alain Juppé confie que « l'on se prépare pour le non ». Un autre, il rassure l'UDF et Giscard en prêchant pour le oui. C'est que l'entourage de Jacques Chirac lui-même est divisé. Son directeur de cabinet Maurice Ulrich est pour le non. Edouard Balladur propose l'abstention. « L'abstention, ce n'est pas gaulliste », lui rétorque Bernard Pons. Charles Pasqua revient à la charge : « Jacques, si tu nous suis sur le non, on fait le ménage. Le non l'emporte. On ne parle plus de Giscard et Mitterrand est fini. » Mais Jacques Chirac ne va pas suivre. Il ne veut pas définitivement déchirer son image internationale. Un président français qui un jour se serait prononcé contre l'Europe de Maastricht, les Allemands ne seraient pas les seuls à ne jamais le lui pardonner.

Jacques Chirac va donc se ranger sous la bannière du oui, mais sans grande conviction. Edouard Balladur le rejoindra, prônant une version édulcorée de ce ralliement au oui. « Chirac est à un tournant. Pour la première fois, il a l'occasion de s'émanciper. Ce ne peut que lui être profitable pour l'avenir. » Charles Pasqua ne sait s'il doit en rire ou en pleurer. « Si je dis oui, je ne pourrai plus me regarder dans la glace. Et ma femme me quitte ! » plaisante-t-il. Jacques Chirac le prend sur le même ton : « Tu veux un débat de fond ! Ça n'intéresse personne. Et toi, au bout de dix minutes, tu te feras chier. » Les deux hommes s'éloignent un peu plus. Edouard Balladur a encore gagné. « Qu'est-ce que je n'aurai pas fait pour Chirac, se plaint Charles Pasqua. Je lui donne des conseils, il ne les suit pas. » Les jours de profonde rancœur, son jugement est plus cru : « Ce Chirac n'est finalement qu'un va-de-la-gueule et un foutriquet. Il aurait fait un bon directeur de l'aviation civile. »

Jamais, dans ses rêves les plus apaisés, Charles Pasqua n'aurait imaginé, en tout cas, une telle campagne de septembre. Une trentaine de meetings à travers toute la France. Un discours musclé et bien français contre Bruxelles, Delors et tous ceux qui veulent « attenter à l'intégrité de la nation française ». Charles Pasqua partout fait un tabac. Edouard Balladur parfois laisse transpirer son exaspération : « Ne mêlons pas la politique intérieure à cette affaire. Il n'y a pas ceux qui aiment la France, qui disent " non ". Et ceux qui n'aiment pas la France, qui disent " oui ". »

Mais Charles est sur une autre planète. Pour la première fois, les vivats sont pour lui. Pour la première fois, il peut mesurer la force de sa popularité. « J'ai eu l'impression, se remémore-t-il, que nous avions renoué le contact avec les masses populaires. On voyait des gens pleurer après *La Marseillaise*. Il y avait de tout, des ouvriers, des femmes de ménage. C'était impressionnant. »

Cette campagne du non connaîtra son moment fort le 12 septembre 1992, au Zénith, à Paris. Six mille personnes. L'amiral Philippe de Gaulle, le fils du Général, au premier rang, les deux Philippe, de Villiers et Séguin, en vedettes américaines. Et pour la première fois, scandés par les étudiants de l'UNI et les militants du MIL, diligemment transportés sur place et qui n'ont pas une grande réputation de souplesse, des « Pasqua président ! » que la France entière, au moment du « 20 heures », verra surgir. Devant cette salle faite à ses mesures, Charles des Hauts-de-Seine se prend pour Charles le Grand.

« Vous êtes présents comme à chaque fois que l'essentiel, c'est-à-dire la liberté ou l'indépendance du pays, est en cause. Nous nous connaissons bien, vous et moi. Cela fait quarante ans et plus que nous nous retrouvons. La dernière fois, c'était en 1984, souvenez-vous, et nous avons sauvé l'école libre ! » Dans la salle, les « Chirac démission ! » fusent. Sans le nommer, Charles Pasqua dénonce Edouard Balladur : « Ecoutez ceux-là qui n'avaient pas de mots assez durs contre la monnaie unique, qualifiée de " solution autoritaire et technocratique qui signifierait la fin de notre indépendance ", lui trouver aujourd'hui toutes les vertus. »

En province, Charles Pasqua remplit aussi les salles. « Il faut quelqu'un comme lui pour réveiller la France », s'extasient ses fidèles. « Un guide dans la lignée de De Gaulle, pas une mauviette ni une girouette », renchérit-on, en pensant évidemment à Jacques Chirac.

Le oui l'emportera. De peu ! Mais pour Charles Pasqua l'essentiel est fait. Son sillon est profondément tracé. Il a prouvé à la France entière qu'il existait par lui-même et pour lui-même. Malgré ses forfanteries, la victoire de son camp du non l'aurait pris au dépourvu. Il ne possédait aucune stratégie de rechange. Cette demi-défaite du non est une aubaine. A partir de ce 19 septembre 1992, Charles Pasqua, président du département le plus riche de la France qui n'a pas suivi ses consignes, va prétendre, sans rire, incarner « la France des exclus, des défavorisés ». Va donner des leçons sur la meilleure façon de pratiquer la politique autrement. « Il y a trop de décalage, insiste-t-il, entre la France qui profite et la France qui périclite. Il faut renouer avec le gaullisme populaire. »

Dans ses locaux de la rue François-Ier, le soir de la proclamation des résultats du référendum, les plombs sautent. A la télévision, Jacques Delors est attendu. « Voilà un chômeur de plus », plaisante Charles Pasqua. Simone Veil est annoncée. Par écran interposé, il lui tire la langue. Charles Pasqua a déjà oublié Philippe Séguin. Demain, la France. Demain, Pasqua. La dérive des ambitions continue.

X

LE MASQUE AFRICAIN

Il ne fait pas bon trop vouloir fouiller sous les couvertures ! La France et l'Afrique continuent de former un curieux couple. Malgré toutes les grandes et belles déclarations, les hymnes touchants entonnés, les yeux rivés sur l'inusable partition des droits de l'homme, à La Baule, Biarritz et sur bien d'autres sommets d'hypocrisie, pour une partie de la classe politique française, l'Afrique des confettis de l'empire demeure le bac à sable caché autour duquel, en toute impunité, on continue de « faire joujou » avec la démocratie, les intérêts prétendument nationaux mais toujours bien compris et l'argent des riches, donc des plus pauvres.

Si la cohabitation a été accusée de bien des maux, sur le terrain du jeu africain, elle n'a jamais contrarié quiconque, ni à gauche ni à droite. François Mitterrand a pu continuer d'y mener une politique nullement exempte de bien des manquements à l'idéal déclaré de l'Internationale socialiste, qui, à l'heure proche du bilan de ses deux septennats, ne contribueront certainement pas à le grandir.

Le « gaullisme africain », sans plus de gêne, a continué de prospérer, n'a rien changé à ses habitudes qu'il faut bien qualifier encore de colonialistes, et n'a jamais eu de souci pour renouveler ses indispensables ambassadeurs aux tristes lettres de créance. La grande politique française de coopération reste synonyme d'exploitation, de concussion et de prévarication. L'Afrique sert encore de caisse noire secrète et de tapis vert particulier sur lequel se règlent bien des comptes politiques. Petit monde sombre et compliqué où chacun se connaît et se reconnaît, veillant à respecter scrupuleusement la loi non écrite du milieu. Il y a des noms à ne jamais prononcer. « Le Vieux », c'est le « sorcier » Jacques Foccart, grand ordonnateur depuis 1958 de ces pompes africaines, vieux certes mais toujours influent. « Le Vieux » est au service aujourd'hui du « Grand Jacques » Chirac dont on se plaît à dire, dans ce milieu, qu'il est aussi à l'aise en Afrique qu'en Corrèze. Le « Grand Jacques » peut compter sur « le Chauve » Alain Juppé et le « Petit Jacques » Toubon qui a l'avantage d'être ministre, non seulement de la Culture, mais aussi de la Francophonie – ce qui ne consiste pas simplement à s'occuper des belles-lettres – et de cumuler les fonctions de président du Club 89, structure chiraquienne qui, elle non plus, ne fait pas que se consacrer au débat d'idées.

On pourrait allonger cette liste codée, digne d'un roman d'espionnage. Charles Pasqua, lui, c'est tout simplement Charles. Charles l'Africain, Charles le malin, Charles le boss le plus craint, à la tête d'un réseau aussi bien camouflé qu'efficace et prospère. L' « amitié » de Charles Pasqua pour les Africains ne date pas d'hier. Durant sa « période » Ricard, il s'était distingué en poussant spectaculairement la consommation d'anisette sous ces latitudes chaudes. Son sang corse et ses liens avec le défunt SAC ont fait le reste. « Charles, avec les Africains, ça a toujours bien accroché, admet son homme de main sur ce continent, Jean-Charles Marchiani. Leur système filial se rapproche du système clanique corse. »

On ne peut mieux afficher la couleur ! Charles Pasqua a constamment veillé à entretenir des relations utiles avec les nombreuses amicales de Corses implantées dans les grandes villes africaines, influentes dans les milieux des bars et des casinos comme dans certaines administrations telles que les douanes. L'ancien patron du SAC n'a jamais non plus rechigné à préserver des passerelles avec tous les anciens mercenaires, partisans de l'Algérie française, ex-militants de l'extrême droite qui se sont dispersés dans toute l'Afrique francophone au milieu des années soixante. Toutes ces amitiés, tous ces réseaux, Charles Pasqua les mit, jusqu'en 1988, au service du « système Foccart » et donc du présidentiable Chirac. Deux mois avant l'échéance présidentielle de cette année-là, ce fut lui que le président du RPR chargea d'une tournée africaine pour rabattre dans six pays amis les voix des Français exportés et s'assurer de l'appui tant moral que matériel de leur chef. Pour ces missions très spéciales, la confiance régna longtemps.

Ce n'est qu'au lendemain de la défaite de Jacques Chirac que Charles Pasqua va se détacher de ce système et commencer réellement ses grands travaux africains. Derrière le comptoir des anciennes colonies, il va aussi se mettre à son compte. Jacques Foccart a son association rue Martignac : « Développement et solidarité ». Il a la sienne, l'association « France-Afrique-Orient », dont la présidence est confiée à l'ancien Premier ministre-compagnon-légionnaire Pierre Messmer.

Une façade officielle. Un président peu soupçonnable. Charles Pasqua a compris deux choses. Qu'après deux années difficiles passées place Beauvau, il lui fallait au plus vite briser auprès de ses amis africains son image de casseur d'immigrés. Il a aussi compris qu'en s'attribuant le rôle de dernier gardien du temple gaulliste, ses affaires ne pouvaient que prospérer. « On ne peut devenir un grand homme politique en France si l'on n'a pas le masque africain. » Charles Pasqua, emporté par de nouvelles ambitions, se souvient aussi de ce vieux précepte gaulliste.

Mais sa grande trouvaille sera de constituer, une fois revenu à la présidence du conseil général des Hauts-de-Seine, une société d'économie mixte, « Coopération 92 », chargée officiellement de favoriser une politique de coopération avec les pays africains fétiches, Togo, Gabon, Sénégal, Congo, Cameroun, Burkina-Faso, mais aussi depuis quelque temps avec certains pays de l'Est et du Proche-Orient. Cette SEM est devenue, dans la politique de coopération française, le premier investisseur public après l'Etat. Son capital : cinq millions deux cent mille francs. Son budget d'investissement annuel : quarante millions de francs, consacrés officiellement à la réalisation d'infrastructures prioritaires et de services éducatifs, culturels et sanitaires indispensables. Charles Pasqua aime faire du battage autour de ses « bonnes œuvres ». Il se défend toujours de « faire de la politique en Afrique ». « Ce que nous faisons, assure-t-il, c'est une aide décentralisée, concrète, de terrain, qui a déjà porté ses fruits. »

Le discours est noble et généreux. Mais l'envers de ce décor humanitaire est plus compliqué et un tantinet malsain. « Coopération 92 » a réussi à regrouper dans son sillage de grandes entreprises qui ont leurs bureaux dans les Hauts-de-Seine et des intérêts importants dans les pays où les équipes de « missionnaires » de Charles Pasqua interviennent. Parmi celles-ci : Elf-Aquitaine, Bouygues, la Compagnie générale des eaux, la Lyonnaise des eaux, Thomson et d'autres. Jusqu'à la retombée de Maastricht, Charles Pasqua parvient ainsi à canaliser au profit de ses chantiers extérieurs près de 90 % des financements des entreprises françaises en Afrique, au détriment des réseaux Chirac... Pas de quoi améliorer les relations !

« L'important, ce n'est pas d'être riche, mais d'avoir des amis riches », a l'habitude de dire Charles Pasqua. Tous ces investissements ne sont pas gratuits. Les liens que ces bonnes œuvres ont permis de nouer avec les dirigeants de ces pays laissent penser qu'aujourd'hui Charles Pasqua dispose d'un formidable magot, disponible à tout moment. « Sa méthode est simple, explique un expert des affaires africaines. Elle consiste à dire à ses interlocuteurs : vous nous rendez, donc je vous donne. »

Trois hommes sont en permanence sur le terrain pour les travaux pratiques. Son fils : Pierre Pasqua, agent immobilier et spécialiste de ce qu'on veut bien appeler l'import-export. Invisible à Paris, mais omniprésent en Afrique. Daniel Léandri, dit « le Tondu » dans le milieu, consultant du trust international « Sucres et denrées », conseiller international d'Elf-Aquitaine, avant de suivre le « patron » au ministère de l'Intérieur où son bureau est contigu à celui de Charles Pasqua. L'un des rares à n'avoir pas à frapper avant d'entrer. En tout cas, le plus secret et le plus muet. Cet ancien gardien de la paix veut qu'on la lui laisse. « Moi, risque-t-il, je travaille pour Charles. Je n'ai pas d'autre patron, pas d'autre horizon. » L'Afrique ? « Quand on s'y intéresse, c'est très attachant, admet-il sans rire. Avec les Africains, je n'écris jamais. Ils n'ont pas besoin de mots. Je suis concret. » Le troisième homme, enfin, s'appelle Jean-Charles Marchiani, devenu « monsieur le préfet ». L'ancien négociateur de la libération des otages français du Liban s'occupe plus particulièrement de l'Afrique du Nord.

Avec ses trois « missi dominici », Charles Pasqua peut dormir sur ses deux oreilles, son système est bien verrouillé. Lui peut se permettre de garder les mains propres, de voyager dans un pays comme un chef d'Etat et de recevoir à Paris dans des endroits secrets, comme cet appartement luxueux du 33, avenue Foch, à deux pas de l'Etoile.

Charles Pasqua est devenu en Afrique un homme d'influence. Jusqu'à son retour, en 1993, place Beauvau, il va consacrer beaucoup de temps et de moyens pour s'offrir cette chasse gardée. Le Maroc est devenu l'un de ses pays favoris. En décembre 1988, pour marquer sa grande considération envers son souverain Hassan II, il fait remettre un chèque de cinquante mille francs comme « contribution personnelle » à la construction de la mosquée qui porte son nom, à Casablanca, chantier confié au groupe Bouygues. Son soutien au monarque contesté n'a jamais fait défaut. A Rabat comme à Marrakech, Charles Pasqua est partout chez lui. Les sénateurs du groupe RPR se souviennent encore de la « visite d'amitié » à Marrakech, offerte par leur président généreux. Trois jours qui les transportèrent dans un conte des Mille et Une Nuits, à des prix défiant toute concurrence! Officiellement, il s'agissait de « confirmer l'attachement du RPR à l'amitié franco-marocaine »!

Dans bien d'autres pays, on sait mettre en son honneur les petits plats dans les grands. Le 26 janvier 1993, à Dakar, un banquet de treize cents couverts sera offert en remerciement au généreux donateur. On ne compte plus non plus les tournées africaines du président du conseil général des Hauts-de-Seine. En décembre 1992, par exemple, une visite marathon de huit jours l'amène successivement au Togo, en Côte-d'Ivoire, au Sénégal, au Cameroun et au Gabon. Visites qui passent inaperçues en France, mais pas sur place. Visites en tout cas suivies de près par les experts du « réseau Foccart ». L'une d'entre elles fera quand même du bruit, lorsque, au Togo, Charles Pasqua viendra exprimer son « admiration » et sa « considération » au président, apprenti dictateur appliqué, Gnassingbé Eyadema. Au mois de janvier 1993, Charles Pasqua reçut, dans ce pays, un accueil de chef d'Etat. Quatre jours de suite, le journal télévisé en fit l'essentiel de son menu, couvrant cette visite de l' « illustre hôte » élevé à la dignité de grand officier de l'ordre du Mono, la plus haute distinction togolaise. Mais la télévision s'attarda moins sur les manifestants qui, dans la rue, voulaient renvoyer dans les Hauts-de-Seine ce « Charles Pasqua agent des basses besognes ». « Il est venu, qu'il prenne ses kilos de sous et qu'il s'en aille, s'insurgeait pourtant une partie de la presse togolaise. La France n'aurait-elle que des mendiants à envoyer chez nous ? » Mais ce genre de protestations n'empêchèrent jamais l' « illustre hôte » de se poser souvent en donneur de leçons. Son discours est toujours le même. « La marche vers la démocratie doit être favorisée, mais chacun doit y aller à son pas. » Discours commode pour ralentir le plus possible la progression de ces pays africains vers l'indispensable démocratisation.

Cette passion croissante et intéressée de Charles Pasqua pour l'Afrique et ses secrets n'a pas eu des conséquences que pour les dirigeants de ce continent. Elle a eu aussi des répercussions sur le jeu politique français, qui ne relève malheureusement pas des seuls axiomes de la science politique. Depuis 1988, la guerre ouverte entre Jacques Chirac et Charles Pasqua s'est jouée, évidemment à l'insu de l'opinion, sur ce terrain-là.

Une fois encore, Charles Pasqua est arrivé comme un chien dans un jeu de quilles réglementé depuis des années et des années par le grand manipulateur Foccart. Jacques Chirac l'a très mal pris et n'a pas lésiné sur les moyens pour contenir, si possible, Charles le conquérant. On s'est beaucoup étonné que, lors des assises RPR du Bourget de 1990, Charles Pasqua ait au dernier moment freiné des quatre fers pour éviter l'irréparable. Tous les observateurs furent surpris de le voir retenir son compagnon d'armes Philippe Séguin qui lui, sans doute, n'aurait pas hésité à pousser jusqu'au bout cette tentative de « putsch ». En réalité, l'affaire s'est passée en coulisse. Charles Pasqua a eu peur. Il sut en temps et en heure que l'Hôtel de Ville de Paris avait fait diligenter une enquête minitieuse sur les aventures africaines de son fils Pierre. Un dossier était prêt, susceptible d'être à tout moment innocemment livré à une quelconque salle de rédaction. Le maître d'œuvre de cette basse opération d'intimidation et de déstabilisation ? Michel Roussin, à l'époque directeur de cabinet de Jacques Chirac et futur ministre de la Coopération, avant que l'affaire des HLM de Paris ne le rattrape par le haut de ses nouveaux galons.

Un travail de gamin, pour cet ancien des services secrets formé à l'école d'Alexandre de Marenches, l'ancien patron du SDECE et grand consommateur de toutes les subtilités africaines. Charles Pasqua ne lui pardonnera jamais d'avoir été à l'origine de ce chantage enfreignant les lois naturelles du compagnonnage, mais qui fut de la plus grande efficacité.

Charles Pasqua cherchera sa revanche, quelques mois plus tard, en tentant de récupérer à son profit la direction du Club 89. Dirigé depuis 1981 par un autre ancien ministre de la Coopération, Michel Aurillac, ce club est aussi le « laboratoire d'idées » du RPR. Il est surtout l'une des pompes à finances du mouvement branché directement sur l'oléoduc africain. Comme il sait qu'il ne peut y aller lui-même, Charles Pasqua va pousser Philippe Séguin. En mai 1990, au lendemain des assises du Bourget, le député des Vosges annonce donc son adhésion à ce club. On laisse entendre que Michel Aurillac pourrait passer la main. Officiellement, Jacques Chirac fait mine de s'en féliciter. Dans la coulisse, ses consignes sont strictes : « Faites en sorte que Séguin n'ait même pas accès au comité directeur. » Philippe Séguin sent trop le Pasqua. Pas question de laisser au « couple putschiste » la mainmise sur ce club qui rapporte gros. Les chiraquiens prennent peur et utilisent les gros moyens. Bourrage des urnes, sollicitation particulière des clubs africains qui peuvent, seuls, renverser la vapeur. Au cours d'une assemblée générale houleuse à Maisons-Laffitte, le cheval Séguin casaque Pasqua mord la poussière et bute une fois de plus sur l'obstacle Chirac. Sept cent soixante-huit voix seulement sur deux mille quarante-deux adhérents : Philippe Séguin se voit refuser son billet d'entrée au comité directeur. Michel Aurillac sera réélu dans un fauteuil. « A la Houphouët », disent certains. C'est bien le mot. L'Hôtel de Ville de Paris fait savoir que Jacques Chirac est « fou de rage ». La comédie continue.

Mais Charles Pasqua ne veut pas plier. Trois ans plus tard, six mois après le référendum de Maastricht, il déclenchera une nouvelle opération commando sur le Club 89, en poussant cette fois la candidature à la présidence du député de Paris et ancien ministre, Nicole Catala, qui l'a suivi fidèlement dans son combat antieuropéen. Même opération et même sanction. La ficelle est trop grosse. Les clubs d'Afrique vont prouver, une fois de plus, leur utilité. Conformément aux directives de Jacques Chirac, c'est Jacques Toubon qui succédera à Michel Aurillac. Président du Club 89 et bientôt ministre de la Coopération, la boucle africaine sera parfaitement bouclée. Les vaches à lait chiraquiennes seront bien gardées.

Ce goût de Charles Pasqua pour les petits jeux africains n'a pas été sans conséquences non plus dans l'évolution de ses rapports avec François Mitterrand et l'Elysée. Le « florentin » Mitterrand et le « toscan » Pasqua ont pris, à partir de 1987, un malin plaisir à se confectionner une petite histoire dorée sur leur passé commun de résistants. Etant donné leur différence d'âge, s'ils se sont un jour rencontrés dans un maquis, on en cherche encore la preuve et le témoignage! Charles Pasqua a laissé le président dire. Lui qui, en 1984, voulait le faire passer devant la Haute Cour et le menaçait de le faire pendre à la lanterne s'il persistait à vouloir dormir à l'Elysée au lendemain d'un succès de la droite aux élections législatives, a fini par se montrer beaucoup plus conciliant avec la gent mitterrandienne. On s'en est beaucoup étonné. « Je crois, répondait Charles Pasqua, que François Mitterrand sent qu'il a en moi un adversaire résolu, mais objectif et honnête, et il sait qu'il n'a rien à craindre de moi dans mes activités de ministre de l'Intérieur, ce qui est normal en démocratie. Dans mes activités de militant politique, c'est autre chose. » L'affaire du « vrai-faux » passeport d'Yves Chalier fut le seul et dernier dérapage. Après 1988, on entendit plus d'une fois Charles Pasqua se targuer d'avoir, au moins une fois par mois, le président au bout du fil pour deviser de choses et de beaucoup d'autres. Lorsque éclata, en janvier 1989, l'affaire Pelat, Charles Pasqua fut encore à l'égard du chef de l'Etat d'une obligeance remarquable. « On serait malvenu, déclara-t-il publiquement, de rendre le président de la République responsable des actes d'amis qu'il connaît depuis trente ou quarante ans, même si naturellement, c'est mauvais pour son image! » Lorsque encore, à l'été 1992, la polémique s'enfla à partir du refus de François Mitterrand de condamner officiellement au nom de l'Etat français le gouvernement de Vichy, Charles Pasqua monta en première ligne pour réprouver les « attaques excessives » portées contre François Mitterrand.

Depuis qu'il a repris ses quartiers place Beauvau, Charles Pasqua n'a jamais changé d'attitude avec l'Elysée. Le « petit télégraphiste » entre les deux maisons s'appelle Michel Charasse, demi-corse, demi-sénateur, éminence trouble du « Château ». Les deux hommes sont à tu et à toi! Le genre de personnage que Charles Pasqua ne peut qu'affectionner. « Quand Charasse a vu Pasqua le matin, il est heureux pour la journée », plaisante-t-on à l'Elysée. « Ce sont deux hommes d'appareil qui ont partagé pendant des années l'organisation de leur mouvement respectif », explique-t-on dans l'entourage de Charles Pasqua. Les deux se sont tellement plu qu'ils en sont à organiser des dîners ensemble, au cours desquels Michel Charasse peut servir pour Charles Pasqua de rabatteur de vedettes du « show-biz ». Ils s'y entendent aussi pour résoudre et le plus souvent enterrer quelques affaires scabreuses dont il ne ferait bon ni pour le RPR ni pour le mitterrandiste de faire étalage. Charles Pasqua y trouve aussi son compte.

Depuis 1986, il semble exister entre Charles Pasqua et l'Elysée une sorte de pacte de non-agression secret qu'il faut une fois encore aller chercher derrière les masques africains. Presque en même temps que s'installe, place Beauvau, Charles Pasqua dans ses nouveaux habits de ministre de l'Intérieur, à l'Elysée succède à Guy Penne, à la tête de l'importante cellule africaine, Jean-Christophe Mitterrand, l'un des deux fils du président. Rapidement, cet ancien journaliste de l'AFP va révéler beaucoup de savoir-faire, un certain entregent et un véritable esprit pratique qui amène sur sa personne quelques questions. « Papamadit », comme ont vite fait de le surnommer les dirigeants africains, ne va perdre sur ce continent ni son temps ni son argent, au point qu'il faudra songer à l'en éloigner quelque peu. Mais Charles Pasqua a vite pris en sympathie Jean-Christophe qui, à son tour, a appris à connaître, dans les coulisses africaines, Pierre, sorte de « Papamadit II ». Dès lors, entre l'Elysée et l'Intérieur, un pacte tacite de non-agression semble avoir été trouvé. Et aucune des deux parties n'a fait mine depuis de le transgresser.

Depuis son retour au ministère de l'Intérieur, Charles Pasqua n'a pourtant pas faibli sur ces dossiers de politique très extérieure. Le ministre de l'Aménagement du territoire a repoussé très loin ses frontières de compétence, jusqu'à l'Afrique du Sud, les pays de l'Est, le Viêt-nam et le Moyen-Orient, jusqu'en Arabie Saoudite, où il est aussi à l'aise avec les princes qu'avec d'anciens joueurs de belote de Marseille. De ce pays où Edouard Balladur et Alain Juppé avaient pitoyablement trouvé porte close, le « super-VRP » Charles Pasqua est revenu en novembre dernier avec quelques gros contrats d'équipement militaire juteux. Miracle de la méthode pasquaïenne !

Charles Pasqua a su exploiter toutes les ressources offertes pour le Service de coopération technique internationale de police (SCTIP) dépendant du ministère de l'Intérieur. Un organisme qui gère des milliers de francs pour la sécurité des villes et des aéroports africains, la formation des officiers de l'immigration, la maintenance policière, la lutte contre la drogue et les opérations de renseignements qui ont tendance de plus en plus à doubler celles de la DGSE. Pas un chef d'Etat, pas un ministre africain qui ne passe à Paris sans être reçu place Beauvau, ou à Nanterre, au conseil général des Hauts-de-Seine. « Pour la plupart d'entre eux, observe un expert de ces dossiers, Charles Pasqua est le véritable Premier ministre ! » Edouard Balladur ne connaît rien à l'Afrique. Sa seule obsession est que la marmite africaine ne se renverse pas avant l'élection présidentielle. La nomination à la tête d'Elf de Philippe Jaffré ne pouvait que renforcer l'emprise de Charles Pasqua, demeuré en revanche en très bons termes avec son prédécesseur, Loïc Le Floch-Prigent, beaucoup plus au fait du système.

Passé avec armes et bagages sous l'uniforme balladurien, le ministre de la Coopération, Michel Roussin, a dû rapidement baliser. Charles Pasqua n'avait pas voulu de lui, à ses côtés, comme ministre délégué de la Sécurité. Il l'accepta au ministère de la « rue Monsieur », après lui avoir mis clairement le marché en main, en termes peu diplomatiques. Michel Roussin avait beau avoir déserté le camp chiraquien, il resta, aux yeux de Charles Pasqua, celui qui avait osé attenter à l'honneur de son fils unique. Il fut dûment prévenu : « Si tu te mets en travers de mon chemin, ça va chier ! »

Michel Roussin s'en garda bien et son successeur, Bernard Debré, n'eut manifestement pas envie de tailler à coups de bistouri dans les réseaux Pasqua. Le gouvernement était à peine formé que déjà Charles Pasqua avait mis les deux pieds dans l'embrasure de la porte de l'Afrique. L'Elysée ne broncha pas. Edouard Balladur était déjà tenu.

XI

L'UNION LIBRE

Pour célébrer, le 29 mars 1994, le premier anniversaire de l'accession d'Edouard Balladur à Matignon en l'an de grâce chiraquien 1993, tous les ministres de son gouvernement, à l'exception d'un seul, firent une collecte. La presse n'en ignora rien et la chose fut relatée avec émotion. A la requête maternelle et empressée de Simone Veil, chacun mit la main au portefeuille pour offrir à l'homme qui était si bon avec eux et avec la France les œuvres complètes de Rabelais. Connaissant les goûts du récipiendaire, le choix surprit puisque le célèbre auteur ne fut pas, comme chacun sait, que moine...!

L'exception s'appelait, une fois encore, Charles Pasqua. Monsieur le ministre d'Etat ne voulut pas faire comme les autres. Il fit son cadeau qui releva plus de la bonne chère que des belles-lettres. En 1985, il s'était rendu à Lisbonne pour tenir une conférence sur son premier ouvrage, *L'Ardeur nouvelle*, et en était revenu avec une caisse-cadeau-souvenir de six bouteilles d'un vieux porto de cent ans d'âge. « On en filera une à chaque con qui viendra nous rendre visite », avait-il glissé au collaborateur chargé de gérer à Paris la précieuse marchandise.

Pour l'entourage, ce devint un nouveau jeu qui allait se terminer dans la rigolade générale, lorsque, ce mois de mars 1994, pour fêter à sa façon le premier an de l'avènement en France du balladurisme, Charles Pasqua s'en vint faire son offrande particulière à Matignon : la dernière bouteille de porto du carton de Lisbonne ! Le geste fit les délices des échotiers. Le Premier ministre n'y fut pas insensible. Dans l'équipe Pasqua, on en rit encore !

L'anecdote révèle quelle sorte de contrat de dupes, encore, reposant sur les lâches principes de l'union libre, fut passé et signé en ce 29 mars 1993, premier jour du gouvernement Balladur, entre deux hommes qui ne se sont jamais aimés et qui ne s'aimeront jamais.

Si Charles Pasqua avait été cohérent et conséquent avec lui-même, il n'aurait jamais accepté de revenir dans ce deuxième gouvernement de cohabitation. Il aurait cette fois eu de bonnes raisons. Cette cohabitation, il n'en voulait pas avant 1986, au nom des tables de la loi gaulliste. S'il avait finalement accepté d'en être, c'est, se justifiait-il à l'époque, parce que la majorité RPR-UDF était trop courte et, surtout, la menace du présidentiable Barre trop forte. Sept ans plus tard, les circonstances ne pouvaient plus lui servir de prétexte. Les électeurs avaient renvoyé à l'Assemblée nationale une chambre de droite introuvable et Raymond Barre n'était plus là qu'en spectateur.

Durant toute l'année qui avait précédé ces élections législatives de mars 1993, avec son compère Séguin, sur leur lancée de Maastricht, Charles Pasqua n'avait pas non plus raté une occasion de critiquer, d'amender, de miner la plate-forme de gouvernement que, laborieusement, RPR et UDF tentaient de mettre en place. Ces deux formations avaient multiplié les états généraux et généreux. Sur le social, l'immigration, l'éducation, la santé. Mais Charles Pasqua s'en était soigneusement tenu à l'écart. Il n'y trouvait pas son compte. Ce jeu des partis, cette course au sac pour les places, cet étalage de belles promesses l'exaspéraient. « Ces états généraux, grinçait-il, ne sont qu'aberrations politiques et médiatiques. »

Dans son livre *Que demande le peuple...*, troussé par son fidèle Abitbol et paru en mai 1992, Charles Pasqua avait revendiqué son droit à la différence. En moins de deux cent trente pages, il édictait son nouveau code politique, balayant toutes ses déviances du passé, restaurant un gaullisme oublié et perverti par un chiraquisme à tous crins, s'offrant à bon compte une nouvelle virginité politique ! Charles Pasqua mettait du jour au lendemain par terre toutes les idéologies de gauche ou de droite, pour ne vanter que le rassemblement de la communauté nationale. Pour exalter la lutte du peuple souverain contre les élites dépassées, le culte de la nation face à l'Europe marchande, la fin des « cyniques » et des « blasés ».

A brûle-pourpoint, Charles Pasqua reprenait à son compte, après en avoir été en 1969 l'un des plus vifs pourfendeurs, les mérites de la « nouvelle société » de Jacques Chaban-Delmas, « dernière tentative, insistait-il, d'inspiration gaulliste pour essayer de corriger le cours des choses ». En écrivant cela, Charles Pasqua savait qu'il ne pouvait que déplaire au pompidoliste intégriste qu'était Edouard Balladur. Mais ce n'était pas son problème. Si cohabitation il devait y avoir, il était de toute façon convaincu que Jacques Chirac, par prudence et souci d'efficacité, ne devait pas laisser le fauteuil de Matignon à un autre que lui, et surtout pas, pensait-il, à ce Balladur. Les hommes étant ce qu'ils sont, cet homme étant ce qu'il est, plus d'une fois, Charles Pasqua a mis en garde Jacques Chirac contre le risque de voir son « ami de trente ans » se gonfler à nouveau à l'hélium et prendre ses aises avec des promesses qui, comme il le disait si bien, n'engagent que ceux qui les reçoivent.

Jacques Chirac l'admet en privé : il préféra encore faire confiance à Edouard, qui ne lui avait jusque-là jamais manqué, plutôt qu'à Charles qui depuis trois ans ne songeait qu'à lui faire des misères. Quelques jours encore avant le rendez-vous de ces élections législatives, Charles Pasqua soutenait publiquement que « le mieux placé » pour le poste de Premier ministre était Jacques Chirac, « puisqu'il est le président du RPR, qu'il entend le rester et qu'il fait le tour de France pour expliquer aux Français la politique qu'il faudrait conclure ». Entre deux maux, choisir le moindre. Entre l'arrogance de Balladur et les insuffisances de Chirac, Charles Pasqua préférait opter pour la seconde solution. Jacques Chirac faillit se ranger à ses arguments, auxquels s'ajoutait la certitude d'avoir cette fois à l'Elysée un François Mitterrand qui, n'étant pour la première fois de sa vie plus candidat à rien, serait naturellement – si ce mot peut avoir un sens le concernant – plus « coulant ». Mais Jacques Chirac « ne voulut pas faire cela » à son Edouard qui piaffait boulevard Saint-Germain. Charles Pasqua en fut, une fois de plus, désespéré. « Un patron, maugréa-t-il, ça va au charbon. Sinon, ce n'est plus le patron. » Le jugement était sans appel.

Si Edouard Balladur avait été cohérent et conséquent avec lui-même, il n'aurait jamais accepté de mettre le loup Pasqua dans la bergerie de son gouvernement. « Six mois avant, raconte Bernard Pons, il m'assurait encore : " Jamais Charles ne sera dans mon gouvernement. " Ce qui prouve que notre Premier ministre veut bien dîner avec le diable, même si ce n'est pas avec n'importe quel couvert. »

Edouard Balladur s'était d'ailleurs promis la même chose avec François Léotard et Simone Veil. Après l'expérience de la première cohabitation, le premier n'était à ses yeux qu'un « sauteur », qui, outre ses démêlés judiciaires fâcheux à Fréjus, avait eu l'outrecuidance à Paris de se mettre aussi sur les rangs des « premiers-ministrables » de la droite. La seconde, il ne l'avait jamais supportée. Pour une raison relevant plus de la morale que de la politique. Catholique sans nuances, papiste déclaré, Edouard Balladur n'a jamais oublié que Simone Veil avait été sous le septennat de Giscard le ministre de la loi sur l'avortement. Sa foi ne pouvait l'admettre ! Et pourtant, de ces trois personnages dont il ne voulait pas, Edouard Balladur allait faire trois ministres, trois ministres d'Etat.

Lorsque la composition du gouvernement fut connue, un de ses proches, Denis Baudoin, osa quand même s'en étonner auprès de lui. « Edouard, il y a au moins dans votre équipe trois membres dont vous m'aviez dit que vous n'en vouliez à aucun prix.

– Que voulez-vous, lui fut-il répondu, tout bouge. Tout évolue. Il faut bien, lorsqu'on forme un gouvernement, qu'on obtienne des équilibres. »

Avec François Léotard, Edouard Balladur s'assurait de la loyauté de la PME du Parti républicain. Simone Veil représentait à ses yeux un avantage non négligeable : le clin d'œil électoral à la communauté juive. En acceptant Charles Pasqua, il récupérait un bout de la croix de Lorraine. « Il nous fallait soit Séguin, soit Pasqua, résume aujourd'hui Nicolas Sarkozy. Chirac plus Pasqua : c'était une équation. Balladur plus Pasqua : c'était une addition ! »

Philippe Séguin se vit proposer un grand ministère de l'Aménagement du territoire. Il déclina l'offre pour accepter celle de Jacques Chirac d'assurer son confort à la présidence de l'Assemblée nationale. Ce fut donc Charles Pasqua. « Je préfère l'avoir à l'intérieur plutôt qu'à l'extérieur », finit par se convaincre Edouard Balladur. Malgré tous ses beaux discours et ses grandes résolutions, Charles Pasqua ne se fit pas longtemps prier. Nicolas Sarkozy, qui connaît le bonhomme, n'avait aucun doute sur la réponse. « A son âge, glisse-t-il, on ne résiste pas à ce genre d'appel. Quand on est devenu bourgeois, on ne fait plus la révolution ! » Patrick Balkany, son courtisan obligé des Hauts-de-Seine, était également sûr du coup. « Charles est un homme du peuple, mais un faux populiste, décrit-il. Il ne se sent jamais aussi bien que dans les salons du Georges-V. Ça fait bien longtemps qu'il n'a plus vocation au bal musette ! »

Charles Pasqua accepte donc de « se sacrifier ». Le troc avec Edouard Balladur sera serré mais les deux hommes ont, en ce printemps de mars 1993, trop besoin l'un de l'autre. Après son échec à la présidence du Sénat, Charles Pasqua a besoin de « se refaire ». Il a besoin d'honneurs, d'un grand ministère pour ne pas être inquiété dans les Hauts-de-Seine, rester influent en Afrique et garder des atouts dans le jeu présidentiel. Le nouveau Premier ministre, qui a déjà réfléchi à son destin et à ses ambitions, a enfin admis qu'il valait mieux avoir ce hussard du gaullisme qui sait parler aux compagnons du RPR avec soi que contre soi. Edouard Balladur sait aussi, comme le disait de Gaulle à propos de Giscard, que « son problème, c'est le peuple ». Un Pasqua qui tient les Hauts-de-Seine, mais que les paysans comprennent à la télévision, c'est une bénédiction ! Soudain, ce personnage infréquentable redevient d'utile compagnie. « Sans lui, vous ne seriez demain que le candidat du CDS », l'ont persuadé ses conseillers. Edouard Balladur a appris aussi à repousser ses aversions naturelles.

En quittant en 1988 la place Beauvau, Charles Pasqua s'était promis-juré de ne plus y remettre les pieds. Il ne voulait plus avoir à revivre une affaire comme celle de Malek Oussékine. Il ne voulait plus qu'on lui impose le képi et le bâton. Surtout, porté désormais par de plus hautes et nobles ambitions politiques, Charles Pasqua avait trop fait d'efforts depuis cinq ans pour se dessiner une image plus lisse, plus recentrée, bref plus respectable, pour replonger dans la même eau. Charles Pasqua voulait devenir populaire. Que ce soit Michel Poniatowski, Gaston Defferre, Pierre Joxe, quel ministre de l'Intérieur le fut? S'il acceptait d'entrer dans ce gouvernement, c'était pour prendre le ministère de la Défense. Son souci de se bâtir une stature nationale l'avait amené depuis un an à montrer publiquement son intérêt pour les questions de défense qui ont toujours été au cœur de la pensée gaulliste. Pour compléter sa petite panoplie d'homme d'Etat, Charles Pasqua fit rédiger de nombreux articles sur ces sujets sérieux, concernant aussi bien la dissuasion nucléaire que la création d'une garde nationale composée de jeunes appelés. Une fois le principe de son entrée au gouvernement admis, Charles Pasqua multiplia les contacts secrets avec les états-majors des trois armées qui réagirent de deux façons. Pour certains, c'était l'assurance d'avoir un ministre qui saurait se battre pour défendre leurs budgets. Un nouveau Charles Hernu! Pour d'autres, il apparut impossible de confier un tel poste à un homme qui avait tant d'intérêts en Afrique, au Moyen-Orient et dans un nombre croissant de pays. Charles Pasqua n'avait même pas fait mystère de son intention de nommer, dès son arrivée dans ce ministère, son fidèle, Jean-Charles Marchiani, à la direction de la DGSE. Pasqua en treillis! Panique à tous les étages. Prévenu qu'une partie de la haute hiérarchie militaire n'accepterait jamais cette nomination, que « la

Grande Muette » risquait de devenir bavarde sur le sujet..., Edouard Balladur trouva les meilleurs arguments pour finalement convaincre Charles Pasqua de la difficulté de contourner ce genre d'écueil.

Etant le seul à en connaître vraiment toutes les motivations, Charles Pasqua se fit une raison. Le marchandage reprit. Il importait de ne pas perdre la face. Edouard Balladur lui promit le rang de ministre d'Etat, sans l'avertir que le même engagement avait déjà été pris auprès de François Léotard, Simone Veil et Pierre Méhaignerie... Charles Pasqua accepta l'Intérieur, à condition d'accoler à son titre la responsabilité de l'Aménagement du territoire et de la Population. Ministre d'Etat, ministre de l'Intérieur, de la Population et de l'Aménagement du territoire. Carte de visite impressionnante. « Si la Ville passe au ministère de l'Intérieur, vous aurez le feu dans les banlieues », prévint aussitôt Simone Veil. Edouard Balladur l'entendit.

Charles Pasqua n'aurait plus que l'Aménagement du territoire, ce qui était déjà énorme. « C'est moi, soutient Jacques Chirac, qui lui ai dit de prendre ce dossier en charge, s'il ne voulait pas terminer sa carrière avec un képi. » L'intéressé ne s'en souvient plus. Pierre Méhaignerie, qui avait aussi des prétentions sur ce dossier, a une autre version. « Edouard Balladur m'avait répliqué qu'il voulait confier aux centristes les fonctions régaliennes du gouvernement et estimait que, s'il donnait l'Aménagement du territoire à un provincial, celui-ci n'aurait aucune prise sur l'Ile-de-France. Dès lors, le président du conseil général des Hauts-de-Seine avait toutes les chances de s'imposer. »

A la différence d'Edouard Balladur qui ne fut jamais un passionné de la décentralisation, Charles Pasqua mesure immédiatement quels dividendes politiques il peut retirer de ce dossier. Ministre d'Etat, il devient ministre de l'Etat. A l'Intérieur, il peut aménager aussi son territoire, avec un cabinet de Premier ministre et des relais dans tous les secteurs concernés. Il peut enfin agir à la fois sur la fibre gaulliste de la régionalisation avortée de 1969 et parler en direct à la demi-France du non à Maastricht qui souffre de sa mise à l'écart.

De facto, Charles Pasqua se promeut lui-même au rang de vice-Premier ministre. Un « Etat Pasqua » se crée à l'intérieur du gouvernement Balladur. Un formidable coup idéologique et médiatique va se jouer. En six mois, Charles Pasqua fait croire à la France entière qu'il va inventer celle de 2015 ! Pour vendre son futur projet de loi, il ne reculera devant aucun mot, aucune phrase définitive. « Il s'agira, explique-t-il devant ses anciens collègues du Sénat qui ne l'avaient jamais vu habité d'une telle passion sur un tel sujet, d'un projet qui, à l'évidence, marquera plusieurs générations, d'un programme d'investissement à long terme exceptionnel, comparable à l'effort national de reconstruction des années d'après-guerre ou à celui, décidé en 1993 outre-Rhin, pour conforter l'unification des deux Allemagne. »

Lorsque un an plus tard, ce projet sera examiné et voté par les deux assemblées, la portée historique de cette grande entreprise pasquaïenne ne s'imposera pas d'elle-même. Les bonnes idées n'ont pas manqué. Les appliquer en des temps de crise est un sacré pari. Charles Pasqua a créé une attente qui, demain, pourrait bien se retourner contre lui. Avec l'Europe, la question de l'aménagement du territoire se situera certainement au centre de la prochaine campagne présidentielle. Il ne pourra être dit en tout état de cause que Charles Pasqua n'avait pas anticipé.

Durant six mois, entre l'automne 1993 et le printemps 1994, Charles Pasqua s'est rendu dans toutes les régions de France pour mobiliser les énergies et recueillir les doléances. Il n'a ménagé ni son temps ni sa peine et on a du mal à croire que c'est pour le bénéfice exclusif d'Edouard Balladur. Sentant le danger, celui-ci a pris place parfois dans ce convoi Pasqua qui faisait la France buissonnière. Mais son ministre de l'Intérieur n'a jamais lâché le volant. Il est allé planter son chapiteau dans toutes les places fortes de la province, pour un numéro bien rodé qui lui permettait d'aborder tous les sujets, de l'éducation à l'agriculture, en passant par l'Europe, l'action sociale et la santé, et qui favorisait les rencontres avec les élus de tous bords, les partenaires économiques et sociaux, mais aussi les lycéens et les étudiants. Le tout soutenu par la presse régionale et sponsorisé par les antennes locales de France 3, et s'achevant immanquablement par une rencontre amicale avec les militants du RPR.

C'est pendant ces six mois que, en même temps qu'il donnait l'impression de travailler pour la bonne cause du gouvernement Balladur et l'avenir de la France du IIIe millénaire, Charles Pasqua a pu tester sa nouvelle image. Quitter son uniforme de policier pour devenir le ministre qui parle aux Français, faire oublier ses facilités des Hauts-de-Seine pour se pencher sur les malheurs des campagnes désertifiées.

Une seconde campagne de Maastricht en quelque sorte, avec cette fois les moyens de l'Etat et le costume gouvernemental, qui l'aida aussi à vendre son « système des primaires » qu'il a toujours gardé dans son coffre de VRP intérimaire de la décentralisation. Le jour, Charles Pasqua, au cours de ces tournées, vendait son nouveau projet pour la France. Le soir, avec les militants, il plaçait son mode d'emploi pour une assurance tous risques sur la victoire de la droite à l'élection présidentielle. De la belle ouvrage qui devait déclencher tout aussitôt une progression spectaculaire dans les sondages. Charles Pasqua n'était plus la tête de Turc de la gauche. Il n'était plus le démarcheur du Front national. D'entrée, le problème avait été réglé. « Je ne monte plus dans le train du gouvernement pour faire descendre Le Pen », avait-il averti Edouard Balladur, lors de l'installation du gouvernement. Le nouveau Premier ministre n'avait guère réagi. S'étant toujours montré fort civil avec le président du Front national – ce dont plus personne ne trouve à s'étonner –, Edouard Balladur savait qu'il n'avait pas trop de souci à se faire de ce côté, Charles Pasqua pouvait enfin jouer les grands seigneurs, caracoler en tête des sondages, prendre, comme s'en amuse Jacques Chirac, « une autre dimension ».

Charles Pasqua a fait ce qu'il voulait dans ce gouvernement. Ce qui n'a jamais manqué d'inquiéter ses autres collègues. En matière de police, de sécurité et d'immigration, son discours a changé mais pas ses méthodes. En 1986, il prétendait « terroriser les terroristes ». Cette fois, son premier souci – défense de rire – est de « réapprendre aux policiers la politesse » en leur mettant en poche un code de déontologie. Au lieu de ne parler qu'aux policiers, Charles Pasqua, qui a retenu les leçons du passé, parle aux Français qui n'y voient que du feu. Pour la France de 2015, il veut aussi une nouvelle police.

Comme le disait un ancien préfet de police de Paris, « la police n'est ni de droite ni de gauche. Elle est comme une matraque : ça se gère de haut en bas ». « Il n'y aura pas de chasse aux sorcières », avait promis Charles Pasqua. En décembre 1993, dix des vingt plus hauts responsables de la police furent quand même changés. De droite ou de gauche, qu'importe, pourvu que les remplaçants cotisent aux œuvres de leur ministre.

Dès son retour place Beauvau, Charles Pasqua s'empressera de faire passer sa loi sur la maîtrise de l'immigration. Téléguidant son complice Michel Charasse à l'Elysée, envoyant au Parlement son éclaireur démineur, l'ancien juge Marsaud, il parviendra malgré le Conseil constitutionnel, malgré François Mitterrand, malgré le garde des Sceaux Pierre Méhaignerie, à imposer l'essentiel de son dispositif, tout en se présentant comme « l'un des meilleurs combattants contre la xénophobie ». Le ministre provocateur de 1986 se fait dissimulateur, appliquant le vieux précepte de Louis XI : « Qui ne sait dissimuler ne sait régner. » Charles Pasqua use et abuse de son autonomie. Son cabinet prend ses aises, convaincu de boxer dans une autre catégorie que les « saintes nitouches centristes » et les « jeunes gens » de Matignon « qui ont encore du lait au bout de leur nez ».

Dans son usine à gaz du ministère des Affaires sociales, Simone Veil a les pires difficultés à se faire respecter. « Pasqua a tout de suite pensé qu'il me mettrait dans sa poche », observe-t-elle. A plusieurs reprises, pour la lutte contre la drogue comme pour la politique de la ville, elle devra aller se plaindre à Matignon pour tenter de faire respecter ses prérogatives. Mais dûment instruits par leurs supérieurs de la place Beauvau, les préfets mettront toujours un certain zèle à ralentir la circulation de ses circulaires. Plus d'une fois aussi, Pierre Méhaignerie, jouant les apprentis dans son ministère de la Justice, devra se coucher devant son envahissant voisin du ministère de l'Intérieur, ce qui ne l'amène point, au demeurant, à forcer son naturel. Lors des manifestations de mars 1994 contre le CIP (Contrat d'insertion professionnelle), Charles Pasqua est encore le seul à donner de la voix. Sus aux casseurs ! A Lyon, deux jeunes Algériens qui ne manifestaient pas, mais qui avaient simplement le tort d'être algériens, Abdel Hakim et Mouloud Madaci, sont expulsés en urgence absolue. Le tribunal administratif annulera cet arrêté brutal d'expulsion. Charles Pasqua n'admettra jamais qu'il y a eu bavure. L'essentiel est atteint : le message de la fermeté est passé.

De mois en mois, Charles Pasqua tient à affirmer sa différence. Il fait certes partie du gouvernement, mais il ne veut surtout pas être happé par le ventre mou du balladurisme. En décembre 1993 encore, il ne s'est pas privé de faire entendre son son de cloche laïque lorsque des milliers de personnes descendaient dans la rue pour s'opposer à la révision de la loi Falloux amenée par le dévot François Bayrou. « La laïcité est un acquis démocratique lié à l'établissement même de la République », affirme celui qui est aussi ministre des Cultes, mais qui a oublié ses combats sans retenue de 1984 contre la loi Savary. Comme les grands fauves, Charles Pasqua a délimité très précisément son terrain de chasse. Sur la Corse, il a carte blanche. Il prétend en faire « un exemple de la reconquête du territoire ». Après avoir tant reproché à ses prédécesseurs de pactiser avec les « extrémistes », preuve est faite qu'il n'a même pas attendu son retour place Beauvau pour tendre des perches solides aux nationalistes.

Au fil des mois, le ministre de l'Intérieur prend ses aises avec les dossiers « extérieurs ». Tout de suite, il a mis au pas le ministre de la Coopération, Michel Roussin. L'Afrique, il en fera aussi son affaire, puisque, confie-t-il, « Balladur, sur ces dossiers-là, ne touche pas une bille ». La preuve, la détestable dévaluation du franc CFA. Jacques Chirac va protester à Matignon. « Jacques, ce n'est pas votre affaire », s'entend-t-il répondre. Charles Pasqua y est également opposé, mais il se taira pour ne pas attirer l'attention sur cet aspect moins connu de ses activités.

Malgré sa présence soutenue sur les dossiers du Maghreb, ceux des ventes d'armes et d'autres gisements juteux, Alain Juppé, le ministre des Affaires étrangères, et son collègue de la Défense, François Léotard, ne peuvent qu'assister impuissants à cet élargissement sauvage des compétences du ministre de l'Intérieur qui n'a décidément pas froid aux yeux et qui se permet même de donner des leçons de moralité publique. « L'Intérieur va sur des terrains qui ne sont pas les siens », protestera plus d'une fois Alain Juppé. François Léotard s'apercevra très vite que « les réseaux Pasqua échappent aux structures d'Etat ». « Par rapport à Pasqua et ses hommes, convient-on aujourd'hui dans l'entourage du ministre de la Défense, on est des bricolos. Il y a dans ce petit monde un vrai atavisme pour les produits pétroliers... Mais il n'y a personne au gouvernement qui ait le courage de les dénoncer. »

Charles Pasqua n'a donc pas à se faire de souci. Pour des raisons encore inexpliquées, il peut bien soustraire à la justice suisse deux terroristes iraniens en les faisant discrètement extrader vers Téhéran, ces deux « colis » encombrants passeront comme lettres à la poste.

Lorsque le gouvernement est en vacances, Charles Pasqua, lui, ne prend pas de repos, comme on l'a vu en cet été 1994, devenu pour toute la presse l' « été Pasqua ». Dans la semaine qui a suivi l'assassinat en Algérie de trois gendarmes et deux agents consulaires français, Charles Pasqua fut omniprésent. Contrôles policiers à répétitions et en tous lieux, assignations à résidence à Folombray de vingt-deux islamistes présumés – mesure totalement illégale –, soutien affirmé au gouvernement en place à Alger, alors que son « bras droit » Jean-Charles Marchiani avait déjà engagé des négociations avec le FIS, Charles Pasqua n'a eu de cesse qu'il n'ait recueilli les fruits politiques d'une gestion faite d'intimidation, d'opérations coup de poing et de confusions faciles.

Le week-end suivant le 15 août intervenait l'arrestation de Carlos, le terroriste le plus recherché de ces vingt dernières années, soupçonné d'être responsable de la mort de quinze personnes en France. Depuis des mois, grâce à la surveillance américaine d'abord, puis à l'obligeance du régime soudanais de Khartoum, les émissaires africains de Charles Pasqua le suivaient à la trace. En facilitant notamment la livraison de photos-satellite extrêmement utiles sur les campements des rebelles à ce régime, Charles Pasqua parvint à s'assurer de la livraison de Carlos, au jour qu'il avait choisi. Au plus creux de l'été, lorsque les journaux sont en mal de copie. Sur les plages, les Français pouvaient se dire qu'à Paris, Charles Pasqua veillait sur tout. Pas de vacances pour les terroristes. Pas de trêve pour les islamistes. Pas de repos pour le ministre de toutes les polices. Sur le chapitre de la communication, Charles Pasqua n'avait plus de leçons à recevoir.

Le plus troublant, c'est qu'Edouard Balladur ne s'en est jamais plaint. « Toute son astuce, explique son porte-voix, Nicolas Sarkozy, est de tirer le maximum de Pasqua. Chirac l'avait dédaigné. Balladur se devait de le statufier. » Le plan, on peut en convenir, a été exécuté à la perfection. Au point que l'on peut se demander lequel des deux possède l'autre.

Edouard Balladur n'a jamais bronché, même lorsque certains de ses ministres vinrent lui raconter qu'ils avaient eu vent que le ministre de l'Intérieur les menaçait de rapports confidentiels des Renseignements généraux. La serviette de cuir noir que Charles Pasqua promène partout n'est jamais épaisse, mais certains de ses collègues paieraient cher pour en connaître le contenu. Sur un plan plus sérieux, Charles Pasqua n'eut pas non plus droit aux remontrances, lorsque, en pleine campagne de l'élection européenne de juin 1994, il se désolidarisa de la liste du centriste Baudis pour rendre justice, au nom de la vraie droite anti-Maastricht, au combat mené par le dissident du bocage, son ami Philippe de Villiers. Ses électeurs sont les nôtres, vient-il rappeler en substance, lors d'une réunion commune à Puteaux présidée par le Premier ministre. « Je l'avais prévenu que je ne mettrais pas mon drapeau dans la poche. C'est fait », confia-t-il à ses proches avec la satisfaction d'avoir joué une belle farce aux centristes. Il était important pour lui de ménager et de séduire l'électorat de droite antieuropéen. Un moment, l'idée de conduire personnellement une liste pour faire pièce à celle de Dominique Baudis le tenta. « Allez-y, le poussa Marie-France Garaud, vous ferez un malheur! 40 %! » « Je me suis interrogé, confirma Charles Pasqua. Mais aux yeux des Français, j'ai à accomplir deux missions : la sécurité et l'aménagement du territoire. Si j'étais parti, les gens auraient pensé que je faisais cela par calcul politicien. »

En réalité, c'est un autre calcul de la même veine qui a imposé à Charles Pasqua de demeurer dans ce gouvernement. En langage cycliste, toute sa stratégie était depuis mars 1993 de « sucer la roue » d'Edouard Balladur, devenu à sa grande surprise le champion des sondages et la coqueluche de la droite. Les Français ne lui auraient surtout pas pardonné d'être son Brutus.

Lorsque Nicolas Sarkozy, dans ses habits de ministre du Budget, fut chargé de l'arbitrage sur son projet d'aménagement du territoire, Charles Pasqua agita la menace de sa démission, mais c'était pour rire. Edouard Balladur le laissait maître de son braquet et de son ravitaillement. Il n'avait nulle envie de changer de route. Il vivait son confort.

Charles Pasqua s'amuse. Derrière l'homme froid, capable de casser une carrière en un tournemain, d'anéantir sans prévenir celui qui ose se mettre en travers de son chemin, derrière la face secrète, il y a toujours eu le collégien chahuteur pour qui le rire semble être aussi une provocation. Dégonfler les éminences, distiller un peu de bon sens ravageur dans les têtes trop grosses, rire de tout et de rien, c'est l'autre nature de Charles Pasqua. La vie quotidienne de ce gouvernement est ainsi remplie des facéties de monsieur le ministre d'Etat qui finissent par désarmer ses pires adversaires. Combien de fois, avant le Conseil des ministres, n'a-t-il pas joué le faux huissier annonçant au garde-à-vous : « Monsieur le président ! » Combien de petits mots n'ont-ils pas circulé sous la table du même Conseil, rédigés de sa plume de potache. Comme celui-ci atterrissant un mercredi devant monsieur le ministre chargé des Relations avec l'Assemblée nationale : « Clément, on va te couper le zizi. Signé : le FIS. »

Dans les réunions à Matignon, Edouard Balladur a pu vérifier aussi à ses dépens la particularité de cet humour qui se marie difficilement au sien. « Ah, Edouard, vous avez de belles chaussettes aujourd'hui ! » Ou encore : « Edouard, quelle cravate vous portez ! C'est insupportable ! »

Edouard Balladur souffre cette impertinence. Il semble tout endurer. Il fait mine de prendre plaisir à s'encanailler de la sorte avec son ministre d'Etat. Le soir du premier tour des élections cantonales de mars 1994, Charles Pasqua réussit même à sortir le Premier ministre de Matignon pour aller, devant des journalistes stupéfaits, commenter les résultats et boire la coupe de champagne dans les salons d'honneur de la place Beauvau.

Charles Pasqua s'amuse. Jusqu'à jouer avec son histoire lorsqu'il salue ce chef de gouvernement qui lui apparaît « plus gaulliste que pompidolien ». On croit rêver. Charles Pasqua s'évertue à faire croire qu'entre le Premier ministre et lui, c'est la lune de miel, alors que, dans la coulisse, sa petite troupe n'a pas de mots assez durs pour condamner la « mystification balladurienne ». « La popularité de Balladur vient de ce que les gens ne veulent plus entendre parler de Chirac. » « Entre Balladur et Charles, il n'y aura jamais rien de naturel, parce que entre les deux, il y a Sarkozy à qui jamais Charles ne pardonnera l'affront de Neuilly. » « Qui peut comprendre ce que Balladur veut faire ! La France de Balladur, on ne la voit toujours pas. » On y fustige encore ces « bourgeois » de Matignon qui, le midi, forment une scène de « pique-nique anglais » et le soir ne connaissent que « les dîners de Mme de La Rochefoucault ».

Passés depuis longtemps maîtres dans l'art du double jeu, voilà le genre de propos qu'à l'heure des déjeuners parisiens médiatico-politiques les « Pasqua boys » s'en vont répandre non sans quelque jubilation. Tenir, supporter, laisser dire et laisser faire, Edouard Balladur a-t-il le choix ? Sa première priorité est d'éviter que Charles Pasqua ne rebascule dans le camp de Jacques Chirac. Maintes fois, le maire de Paris a tenté de le ramener à de meilleurs sentiments à son endroit. En vain. « De toute façon, finit-il par lui dire, Balladur te hait. Ça fait trente ans que je le sais. » Charles Pasqua n'a pas bougé d'un pouce. Avant l'été, tous deux avaient déjeuné au conseil général des Hauts-de-Seine. « Charles, expliqua Jacques Chirac, je compte sur toi pour faire retarder les élections municipales. Si ce n'est pas le cas, je jugerai le procédé inélégant. » Il obtint gain de cause, mais Charles Pasqua eut le déplaisir de se trouver à nouveau dans la peau d'un directeur de campagne.

Pour autant, Charles Pasqua n'a rien fait jusqu'en janvier pour faire avancer d'une case la candidature d'Edouard Balladur. Pas un mois ne s'est écoulé sans qu'il s'évertue à alimenter le faux débat sur son système des primaires pour l'élection présidentielle qu'il savait, lui aussi, irréalisable. « Ce n'est pas de la stratégie, c'est de la tactique », finit d'ailleurs par reconnaître son entourage lorsque cette impossibilité fut admise par tous.

Charles Pasqua a voulu se poser en champion toutes catégories de l'union. Alimenter la guerre des nerfs entre Jacques Chirac et Edouard Balladur. S'amuser. Jouer et empocher. « Il est très vrai, écrivait Voltaire, que, pour faire un puissant ministre, il ne faut souvent qu'un esprit médiocre, du bon sens et de la fortune ; mais, pour être un bon ministre, il faut avoir pour passion dominante l'amour du bien public. »

En ce début d'année 1995, Charles Pasqua était puissant...

ÉPILOGUE

Vendredi 13 janvier 1995. Nouveau jour de chance pour Edouard Balladur. Nouveau coup dur pour Jacques Chirac. Charles Pasqua vient de faire connaître son « bon choix ». Gloire à Edouard! Malheur à Jacques!

Il aurait voulu encore faire durer un peu le plaisir, son plaisir de faiseur de roi, d'arbitre de ce qui, hélas, ne sont déjà plus des élégances. Il aurait voulu nourrir encore le suspens sur sa propre candidature. Jouer avec les nerfs des jeunes gens de Matignon qui commençaient à trouver le petit jeu lassant. Faire rêver encore un Jacques Chirac prêt à lui promettre tout et bien plus. « Charles, lui avait rappelé celui-ci au moment des bons vœux, tu sais bien que si je suis élu, je prendrais à Matignon un RPR! » Il en aurait fallu beaucoup plus.

Jusqu'à l'automne, le maire de Paris avait encore voulu parier sur un sursaut du compagnon Charles. Se répétant sans cesse cette antienne de Malraux archi-rabâchée : « Les gaullistes comme les loups s'entr'égorgent, mais chassent en bande. » « Je ne peux imaginer, confiait-il en privé, qu'au moment décisif Charles ait un comportement qui ne soit pas celui du gaullisme. » Une fois de plus, Jacques Chirac éprouvait les limites de la méthode Coué.

Plus un signe. Plus un clin d'œil. Pas le moindre soupçon d'espoir ou d'encouragement. Passé progressivement sous l'attraction balladurienne, le satellite Pasqua ne répondait plus.

Le moment décisif s'était joué en ce vendredi 13. Par un de ses titres inimitables, *Le Monde* pouvait annoncer en tête de sa « une » relookée : « Le soutien de M. Pasqua à M. Balladur met en évidence l'isolement de M. Chirac. » Le matin même, Jacques Chirac s'était amusé à vendre la mèche : le soutien de M. Pasqua au Premier ministre relève, avait-il grincé, « d'un suspens cousu de fil blanc ».

Soudainement, le jeu de cache-cache devait prendre fin : Charles Pasqua ne pouvait plus se taire. Du haut de sa loge du ministère de l'Intérieur sise au-dessus de l'arène présidentielle, Pasqua Imperator baissait le pouce contre le valeureux gladiateur Chirac. Faisait circuler le faire-part de sa mort annoncée : « Pour les mêmes raisons qui m'ont fait te suivre depuis 1974, j'ai décidé d'apporter mon soutien à Edouard Balladur. Il m'apparaît en effet, dans les circonstances actuelles, le plus à même de défendre nos idées tout en rassemblant une large majorité de Français. C'est là, me semble-t-il, ce à quoi les Français aspirent et c'est aussi le but ultime de notre engagement. »

Cette lettre, Jacques Chirac l'avait en poche depuis la veille. Ce même jour, dans un entretien incisif accordé au *Nouvel Observateur*, il expliquait : « Même si elle est, hélas, monnaie courante en politique, on ne s'habitue jamais à la trahison. En tout cas, il ne faut jamais oublier que celui a trahi une fois retrahira. » Paroles d'expert, mais vraie douleur.

Vendredi 13 ou pas, Charles Pasqua n'en a cure. Dans son bureau de la place Beauvau, Charles Pasqua s'exerce déjà à prévenir tous les reproches. Qui pourra dire qu'il n'avait pas averti? « J'avais dit à Chirac : même si Balladur ne le veut pas, quand on est à Matignon, on regarde vers l'Elysée. Chirac est un homme qui a souvent laissé passer sa chance. En 1993, la chance lui a repassé le plat. Il avait une chance extraordinaire. Il ne l'a pas saisie. Il n'a plus qu'à s'en prendre à lui-même : ça va être humainement difficile pour lui. Mais je ne vois plus comment lui offrir une porte de sortie. » Qui osera dire encore qu'il a choisi le moins gaulliste? « Balladur, coupe-t-il, est aussi gaulliste que Chirac. Lui au moins essaie d'assumer les différentes facettes du gaullisme. »

Comme à son habitude, Charles Pasqua est sûr de ses nouvelles certitudes. « Sauf cataclysme extraordinaire », Edouard Balladur deviendra le cinquième président de la Ve République. « Chirac a changé, finit-il par s'emporter. Si aujourd'hui il avait des couilles, il se retirerait. Il n'ira jamais à l'Elysée. »

Faites vos jeux. Rien ne va plus! Le flambeur Pasqua a donc décidé de reporter toute sa mise sur la case Balladur. Guidé plus par les calculs des gains futurs que par un enthousiasme sans limites. Selon le célèbre mot de Benjamin Constant, il y a en politique comme partout ailleurs « les hommes de circonstances et les hommes de convictions ». Les circonstances à nouveau s'imposent à Charles Pasqua. Le joueur de pétanque qu'il a toujours été n'a, au fond, qu'une passion : approcher au plus près du cochonnet du succès, de la gloire et de la récompense.

Charles Pasqua a longtemps espéré être lui-même ce cochonnet. Toutes ses équipes, on l'a dit, s'y étaient ardemment préparées. L'histoire retiendra peut-être qu'en décidant à la mi-décembre de ne pas se lancer dans le grand bain présidentiel, Jacques

Delors a aussi fait boire la tasse à Charles Pasqua. Jusqu'à cette spectaculaire et mémorable pirouette du candidat surnaturel de la gauche, Charles Pasqua, comme dirait Laurent Fabius, « sentait bien » cette campagne présidentielle. Jacques Delors commençait à déstabiliser Edouard Balladur, accentuant du même coup les risques d'un coude à coude meurtrier avec Jacques Chirac. « Si les choses avaient conduit, comme je l'imaginais, à un affrontement entre Balladur et Chirac, alors il aurait fallu prendre le risque de casser la porcelaine », avoue Charles Pasqua. Enfin la menace du missionnaire de l'Europe qu'est Jacques Delors aurait pu, à l'entendre, redonner du muscle à sa croisade anti-Maastricht et, ce faisant, lui fournir la meilleure planche d'appel devant le sautoir présidentiel.

Jacques Delors s'en étant retourné dans la coulisse, fut encore offert aux familles de France, entre Noël et le nouvel an, le spectacle si intensément dramatique de l'Airbus d'Air France pris en otage par des islamistes algériens, avec le dénouement que l'on connaît. Edouard Balladur et son ministre de l'Intérieur vinrent côte à côte recueillir les justes lauriers de leur succès. « Cela, reconnaît Charles Pasqua, nous a soudés aux yeux de l'opinion. »

Trahi en quelque sorte dans ses secrètes ambitions par Jacques Delors, médiatiquement scotché par cette affaire d'Airbus en folie par Edouard Balladur, Charles Pasqua s'est retrouvé sans selle et sans étriers sur son cheval. Sa décision de ne pas se présenter ne fut pas facile à prendre. Ce n'est que la semaine précédente, après quelques jours de thalassothérapie à Quiberon, qu'il rentra à Paris, décidé à se faire une raison et à monter dans le convoi Balladur. « Que voulez-vous, laissa-t-il tomber, la France est peuplée de conservateurs, des conservateurs de droite et de gauche. »

Empêcher le RPR de se briser, de se casser en deux, l'aider comme il dit « à survivre à Jacques Chirac ». Sensibiliser les Français à l'effort qu'il faudra faire demain, redonner de l'espérance à la jeunesse, Charles Pasqua ne doute pas qu'il sera utile au candidat Balladur. Il est tout aussi sûr de le demeurer encore pour le président Balladur. « Le pays est plus à droite que Balladur » soutient-il. Les scores de Jean-Marie Le Pen et de Philippe de Villiers devraient, selon ses prévisions, en attester. Le poids de la droite face au pôle centriste, sur-dimensionné à son goût, imposera, quoi qu'il advienne, qu'il continue à tenir demain l'un des rôles majeurs sur la scène de la droite. Il en est convaincu.

Les circonstances – encore elles – rendront inévitable sa nomination à Matignon. Edouard Balladur se souviendra peut-être de ce mot de son tuteur Pompidou. « Quand vous venez d'être élu président de la République, vous pouvez nommer n'importe qui, comme Premier ministre, la première fois. »

Qu'importe, Charles Pasqua y croit. « Naturellement, expliquait-il dans un entretien au *Monde* en mars 1993, quand on est arrivé à un certain niveau, on souhaite que ses idées aboutissent. Et à ce moment, se pose la question de savoir sis finalement, on ne serait pas le meilleur pour les défendre. Ma réponse est oui, évidemment. Mais le meilleur à quel niveau? Là, c'est un autre problème. »

Ce problème, Charles Pasqua semble cette fois l'avoir définitivement résolu. Si ce n'est pas l'Elysée, ce sera donc Matignon. Allons-donc, puisque, décidément, sur le grand chantier balladurien, tout lui semble permis.

Une fois encore, Charles Pasqua va donc s'amuser à faire tourner sa petite roue de la fortune. Sans peur de se renier, de se contredire, de se compromettre.

Inscrivant définitivement en lettres d'or ce mot terrible de Nicolas Sarkozy : « Pasqua n'a que les sentiments de ses intérêts. » Ces deux-là se sont haïs. Ils se haïront sans doute à nouveau demain. Mais en ce printemps d'élections, le vieil homme des Hauts-de-Seine et l'enfant terrible de la nouvelle petite classe politique, parcourent ensemble les pages d'un petit manuel pratique qui pourrait s'intituler « sans foi, ni loi ». Nicolas fait des politesses à Charles. « Vous voulez Matignon. Après vous, je vous en prie ! »

Usant et abusant de l'onction gaulliste, Charles Pasqua sait se rendre indispensable.

Organiser dans un grand hôtel parisien le ralliement des compagnons RPR qui n'ont pas été gênés de passer de la « soupe » Chirac à la soupe « Balladur ». Mettre ses réseaux intérieurs et extérieurs au service du Premier ministre candidat. Offrir le savoir-faire de sa petite garde rapprochée. Ne pas rechigner à mettre la main dans la grande poche si besoin s'en fait sentir. Marchander, comme en 1988 avec Jean-Marie Le Pen, tenir en laisse Philippe de Villiers, bref faire tout ce sale boulot auquel Monsieur Balladur et ses dévôts ne sauraient bien entendu s'abaisser.

Philippe Séguin, son ami de trois ans, peut bien grogner, lui reprocher de jouer cette élection comme « au PMU », Charles Pasqua pense avoir choisi le bon cheval qui le tirera encore plus haut.

« L'avenir, aime à dire Charles Pasqua, tu n'as pas à le prévoir. Tu as à le permettre. » Monsieur le ministre d'Etat et de l'Intérieur s'est accordé, à nouveau, toutes les permissions. Pour habiller le tout d'une nappe digeste de sciences politiques, il livrera aux Français et aux Français son propre programme de gouvernement pour la France. Edouard Balladur a choisi son slogan : « croire en la France ». Charles Pasqua, qui rêve d'aller dormir à Matignon, a trouvé le sien « croire en Charles Pasqua ».

Edouard Balladur croit-il en Charles Pasqua ? Cet homme qui sait aussi se servir des faiblesses et des fiertés humaines, ce joueur qui nous vient d'Orient ne sera-t-il pas tenté, une fois arivé au sommet de l'Etat, de jeter un Charles Pasqua trop confiant, comme un vulgaire kleenex dans la poubelle du RPR ? Qui tient l'autre ? Le rendez-vous de vérité est fixé aux lendemains du 7 mai.

A moins qu'Edouard Balladur n'attende pour se délester de cet encombrant personnage que l'affaire des HLM des Hauts-de-Seine, qui monte autour de la maison Pasqua comme rivière à Ouistreham, ne vienne lui offrir la tête de ce ministre, aujourd'hui bien servile, sur un plateau. Partisan d'une société sans fracture « Balladur président » pourrait-il faire monter à son côté un Premier ministre... avec factures ! Une course contre la montre entre la vérité et l'étouffement est engagée. Charles Pasqua peut déjà méditer ce mot du sage La Bruyère : « L'on voit des hommes tomber d'une haute fortune par les mêmes défauts qui les y avaient fait monter. »

TABLE

Cet ouvrage a été réalisé par la
SOCIÉTÉ NOUVELLE FIRMIN-DIDOT
Mesnil-sur-l'Estrée
pour le compte des Éditions Flammarion
en février 1995

Imprimé en France
Dépôt légal : mars 1995
N° d'édition : 15881 – N° d'impression : 29648